Smaken van Spanje
Een Culinaire Reis

Javier Rodríguez

INHOUDSOPGAVE

SOEPELIGE AARDAPPELS 26
    INGREDIËNTEN 26
    ONTWIKKELING 26
    TRUC 26
OMELET 27
    INGREDIËNTEN 27
    ONTWIKKELING 27
    TRUC 27
HERTOGIN AARDAPPELS 27
    INGREDIËNTEN 28
    ONTWIKKELING 28
    TRUC 28
RIJST IN CUBAANSE STIJL 29
    INGREDIËNTEN 29
    ONTWIKKELING 29
    TRUC 29
RIJSTBOUILLON MET CLAMS, MOSSELS EN KERVIN 29
    INGREDIËNTEN 30
    ONTWIKKELING 30
    TRUC 30
KANTONRIJST MET KIP 32
    INGREDIËNTEN 32

- ONTWIKKELING 32
- TRUC 33

GEVULDE RIJST 34
- INGREDIËNTEN 34
- ONTWIKKELING 34
- TRUC 35

Catalaanse RIJST 36
- INGREDIËNTEN 36
- ONTWIKKELING 36
- TRUC 37

BRUINE RIJST MET WITTE BONEN EN AMANDELEN 38
- INGREDIËNTEN 38
- ONTWIKKELING 38
- TRUC 39

RIJST MET VERSE TONIJN 40
- INGREDIËNTEN 40
- ONTWIKKELING 40
- TRUC 41

RIJST MET KIP, BACON, AMANDELEN EN ROZIJNEN 42
- INGREDIËNTEN 42
- ONTWIKKELING 42
- TRUC 43

RIJST MET KABELJAUW EN WITTE BONEN 44
- INGREDIËNTEN 44
- ONTWIKKELING 44
- TRUC 44

RIJST MET KREEFT 46
    INGREDIËNTEN 46
    ONTWIKKELING 46
    TRUC 47
GRIEKSE RIJST 48
    INGREDIËNTEN 48
    ONTWIKKELING 48
    TRUC 48
RIJST IS GENOEG 49
    INGREDIËNTEN 49
    ONTWIKKELING 49
    TRUC 49
ZEEWELCH GEPAANDE RIJST 50
    INGREDIËNTEN 50
    ONTWIKKELING 50
    TRUC 51
RIJST DRIE VOORDELEN 52
    INGREDIËNTEN 52
    ONTWIKKELING 52
    TRUC 52
VLOTTE RIJST MET PARTIJEN 53
    INGREDIËNTEN 53
    ONTWIKKELING 53
    TRUC 54
RISOTTO VAN ZALM EN WILDE ASPERGES 55
    INGREDIËNTEN 55

ONTWIKKELING 55
TRUC 56
RIJST MET VARKENSVLEES, KIKKERERWTEN EN SPARKLES 57
    INGREDIËNTEN 57
    ONTWIKKELING 57
    TRUC 58
RIJST OF CALDEIRO 59
    INGREDIËNTEN 59
    ONTWIKKELING 59
    TRUC 60
ZWARTE RIJST MET INKTVIS 61
    INGREDIËNTEN 61
    ONTWIKKELING 61
    TRUC 62
PILAF RIJST 63
    INGREDIËNTEN 63
    ONTWIKKELING 63
    TRUC 63
FIDEUÁ VAN VIS EN ZEEWIER 64
    INGREDIËNTEN 64
    ONTWIKKELING 64
    TRUC 65
PUTANESCA PASTA 66
    INGREDIËNTEN 66
    ONTWIKKELING 66

TRUC 66
FONKEL EN KAAS CANNELLONI 68
    INGREDIËNTEN 68
    ONTWIKKELING 68
    TRUC 68
SPAGHETTI MARINERA 70
    INGREDIËNTEN 70
    ONTWIKKELING 70
    TRUC 71
FLORENTIJNSE VERSE PASTALASAGNE 72
    INGREDIËNTEN 72
    ONTWIKKELING 73
    TRUC 74
SPAGHETTI MET CARBONARASAUS 75
    INGREDIËNTEN 75
    ONTWIKKELING 75
    TRUC 75
VLEES CANNELLONI MET PADDESTOEL BESAMEL 76
    INGREDIËNTEN 76
    ONTWIKKELING 76
    TRUC 77
LASAGNE VAN GROUPER EN INKTVIS 78
    INGREDIËNTEN 78
    ONTWIKKELING 79
    TRUC 79
GEMENGDE PAELLA 80

- INGREDIËNTEN 80
- ONTWIKKELING 80
- TRUC 81

GROENTENLASAGNE MET VERSE KAAS EN KOMIJN 82
- INGREDIËNTEN 82
- ONTWIKKELING 82
- TRUC 83

NOEDELS MET YOGHURT EN TONIJNSAUS 84
- INGREDIËNTEN 84
- ONTWIKKELING 84
- TRUC 84

AARDAPPELGNOCCHI MET BLAUWE KAAS EN PISTACHESAUS 85
- INGREDIËNTEN 85
- ONTWIKKELING 85
- TRUC 86

ZALM CARBONARA PASTA 87
- INGREDIËNTEN 87
- ONTWIKKELING 87
- TRUC 87

NOEDELS MET BOLETAS 88
- INGREDIËNTEN 88
- ONTWIKKELING 88
- TRUC 88

PIZZA IN BARBECUES 89
- INGREDIËNTEN 89

ONTWIKKELING 90
TRUC 90
WITTE WORSTRISOTO MET RODE WIJN EN RAKET 92
INGREDIËNTEN 92
ONTWIKKELING 92
TRUC 93
NOEDELS MET GARNALEN, GROENTAPES EN SOJA 94
INGREDIËNTEN 94
ONTWIKKELING 94
TRUC 94
NOEDELS ROSSEJAT MET KOPJES EN GARNALEN 95
INGREDIËNTEN 95
ONTWIKKELING 95
TRUC 95
NOEDELS MET VARKENSLENDES MET KABRALES 96
INGREDIËNTEN 96
ONTWIKKELING 96
TRUC 96
BERGSTEW 97
INGREDIËNTEN 97
ONTWIKKELING 97
TRUC 98
TOLOS BONEN 99
INGREDIËNTEN 99
ONTWIKKELING 99
TRUC 99

GEMAAKT UIT DE LIEBANA-VALLEI 100
    INGREDIËNTEN 100
    ONTWIKKELING 100
    TRUC 101
Weduwe bonen 102
    INGREDIËNTEN 102
    ONTWIKKELING 102
    TRUC 102
MADRID STOOFT 103
    INGREDIËNTEN 103
    ONTWIKKELING 103
    TRUC 104
ESCUDELLA 105
    INGREDIËNTEN 105
    ONTWIKKELING 106
    TRUC 106
FABADA 107
    INGREDIËNTEN 107
    ONTWIKKELING 107
    TRUC 107
HUMUS CAZY 108
    INGREDIËNTEN 108
    ONTWIKKELING 108
    TRUC 108
LINZEN MET KOPJES EN SLILS 109
    INGREDIËNTEN 109

- ONTWIKKELING 109
- TRUC 110
- FABES MET SCHELPEN 111
  - INGREDIËNTEN 111
  - ONTWIKKELING 111
  - TRUC 111
- CATALONISCHE BONEN 113
  - INGREDIËNTEN 113
  - ONTWIKKELING 113
  - TRUC 114
- BONEN MET RIJST 115
  - INGREDIËNTEN 115
  - ONTWIKKELING 115
  - TRUC 115
- OXTAIL BONEN 116
  - INGREDIËNTEN 116
  - ONTWIKKELING 116
  - TRUC 117
- LENZEN MET OOR EN LACON 118
  - INGREDIËNTEN 118
  - ONTWIKKELING 118
  - TRUC 119
- RIP JEANS 120
  - INGREDIËNTEN 120
  - ONTWIKKELING 120
  - TRUC 120

TRUC 121
CORDOVAN SALMOREJO 122
    INGREDIËNTEN 122
    ONTWIKKELING 122
    TRUC 122
UIEN SOEP 123
    INGREDIËNTEN 123
    ONTWIKKELING 123
    TRUC 123
MINESTRON 124
    INGREDIËNTEN 124
    ONTWIKKELING 124
    TRUC 125
KREEFTENBISQUE 126
    INGREDIËNTEN 126
    ONTWIKKELING 126
    TRUC 127
GROENTENSTEW 128
    INGREDIËNTEN 128
    ONTWIKKELING 128
    TRUC 129
HUISHOUDEN KAARTEN 130
    INGREDIËNTEN 130
    ONTWIKKELING 130
    TRUC 130
CAKE VAN COURGETTE EN ZALM 131

INGREDIËNTEN 131

ONTWIKKELING 131

TRUC 131

ARTISJOK MET PADDESTOELEN EN PARMEZAAN 132

INGREDIËNTEN 132

ONTWIKKELING 132

TRUC 133

Ingelegde Aubergines 134

INGREDIËNTEN 134

ONTWIKKELING 134

TRUC 134

LANGE BONEN MET SERRANOHAM 135

INGREDIËNTEN 135

ONTWIKKELING 135

TRUC 135

TRINXAT 136

INGREDIËNTEN 136

ONTWIKKELING 136

TRUC 136

HEERLIJKE BROCCOLI MET BACON EN AURORA SAUS
.... 137

INGREDIËNTEN 137

ONTWIKKELING 137

TRUC 137

DISTEEL MET GARNALEN EN VESCHERMERS IN GROENE SAUS 138

INGREDIËNTEN 138

ONTWIKKELING 138

TRUC 139

GEKARAMELISEERDE UI 140

INGREDIËNTEN 140

ONTWIKKELING 140

TRUC 140

GEVULDE PADDESTOELEN MET SERRANOHAM EN PESTOSAUS 141

INGREDIËNTEN 141

ONTWIKKELING 141

TRUC 141

Bloemkool MET AJOARRIERO 142

INGREDIËNTEN 142

ONTWIKKELING 142

TRUC 142

GERASPTE BLOEMKOOL 143

INGREDIËNTEN 143

ONTWIKKELING 143

TRUC 143

DUXEL 144

INGREDIËNTEN 144

ONTWIKKELING 144

TRUC 144

ANDIJVIE MET GEROOKTE ZALM EN KABRALES 145

INGREDIËNTEN 145

ONTWIKKELING 145

TRUC 145

LOMBARD SEGOVY 146

INGREDIËNTEN 146

ONTWIKKELING 146

TRUC 146

GEROOSTERDE PEPER SALADE 147

INGREDIËNTEN 147

ONTWIKKELING 147

TRUC 148

FRANSE ERWTEN 149

INGREDIËNTEN 149

ONTWIKKELING 149

TRUC 149

ROOM SPINAZIE 150

INGREDIËNTEN 150

ONTWIKKELING 150

TRUC 150

BONEN MET WITTE BUTIFARRA 151

INGREDIËNTEN 151

ONTWIKKELING 151

TRUC 151

SLABONEN MET HAM 152

INGREDIËNTEN 152

ONTWIKKELING 152

TRUC 152

LAMSSTOOFPOT 154
    INGREDIËNTEN 154
    ONTWIKKELING 154
    TRUC 155

AUBERGINEMOND MET GEITENKAAS, HONING EN CURRY 156
    INGREDIËNTEN 156
    ONTWIKKELING 156
    TRUC 156

WITTE ASPERGES EN GEROOKTE ZALMCAKE 157
    INGREDIËNTEN 157
    ONTWIKKELING 157
    TRUC 157

PIQUILLO-PEPERS GEVULD MET MORCILLA MET ZOETE MOSTERDSAUS 158
    INGREDIËNTEN 158
    ONTWIKKELING 158
    TRUC 158

DISTEEL MET AMANDELSAUS 159
    INGREDIËNTEN 159
    ONTWIKKELING 159
    TRUC 160

PISTO 161
    INGREDIËNTEN 161
    ONTWIKKELING 161
    TRUC 161

PAURA MET GROENTENVINAIGRETTE 162
    INGREDIËNTEN 162
    ONTWIKKELING 162
    TRUC 162

PREI, BACON EN KAAS QUICHE 163
    INGREDIËNTEN 163
    ONTWIKKELING 163
    TRUC 164

TOMATEN A LA PROVENCAL 165
    INGREDIËNTEN 165
    ONTWIKKELING 165
    TRUC 165

GEVULDE UIEN 166
    INGREDIËNTEN 166
    ONTWIKKELING 166
    TRUC 166

PADDESTOELEN IN ROOM MET OKERNOTEN 167
    INGREDIËNTEN 167
    ONTWIKKELING 167
    TRUC 167

TOMATEN- EN BASILICUMCAKE 168
    INGREDIËNTEN 168
    ONTWIKKELING 168
    TRUC 168

AARDAPPELSTEW MET CATASCURRY 169
    INGREDIËNTEN 169

ONTWIKKELING 169

TRUC 170

ZOETE EIEREN 171

INGREDIËNTEN 171

ONTWIKKELING 171

TRUC 171

AARDAPPELEN ZIJN BELANGRIJK 172

INGREDIËNTEN 172

ONTWIKKELING 172

TRUC 172

MULCH EIEREN MET BOLETAS 173

INGREDIËNTEN 173

ONTWIKKELING 173

TRUC 174

AARDAPPELHANDEN EN WIT 175

INGREDIËNTEN 175

ONTWIKKELING 175

TRUC 176

KOCIDO GEBRUIK OMELETTE (OUDE DRESSING) 177

INGREDIËNTEN 177

ONTWIKKELING 177

TRUC 177

AARDAPPELEN GEVULD MET GEROOKTE ZALM, BACON EN AUBERGINA 178

INGREDIËNTEN 178

ONTWIKKELING 178

TRUC	179
AARDAPPEL- EN KAASKROKETTEN	179
INGREDIËNTEN	179
ONTWIKKELING	179
TRUC	179
GOEDE FRANSE BORSTELS	180
INGREDIËNTEN	180
ONTWIKKELING	180
TRUC	180
FLORENTIJNSE EIEREN	181
INGREDIËNTEN	181
ONTWIKKELING	181
TRUC	181
AARDAPPELSTEW MET GEEL EN GARNALEN	182
INGREDIËNTEN	182
ONTWIKKELING	182
TRUC	183
EIEREN IN FLAMENCO-STIJL	184
INGREDIËNTEN	184
ONTWIKKELING	184
TRUC	184
TORTILLA PAISANA	185
INGREDIËNTEN	185
ONTWIKKELING	185
TRUC	186
GEBRADEN EIEREN MET WORST EN MOSTERD	187

INGREDIËNTEN 187

ONTWIKKELING 187

TRUC 187

AARDAPPELOMELET IN SAUS 188

INGREDIËNTEN 188

ONTWIKKELING 188

TRUC 189

PURRUSALDA 190

INGREDIËNTEN 190

ONTWIKKELING 190

TRUC 190

GEFRITUURDE AARDAPPELEN 191

INGREDIËNTEN 191

ONTWIKKELING 191

TRUC 191

CAMETO PADDESTOELEN 192

INGREDIËNTEN 192

ONTWIKKELING 192

TRUC 192

Roerei met ansjovis en olijven 193

INGREDIËNTEN 193

ONTWIKKELING 193

TRUC 193

AARDAPPELEN IN ROOM MET BACON EN PARMEZAAN 194

INGREDIËNTEN 194

ONTWIKKELING 194

TRUC 194

Gekookte eieren 195

INGREDIËNTEN 195

ONTWIKKELING 195

TRUC 195

KROKUTELEN 196

INGREDIËNTEN 196

ONTWIKKELING 196

TRUC 196

GEBAKKEN EIEREN MET PADDESTOELEN, GARNALEN EN BOSGEVOGELTE 197

INGREDIËNTEN 197

ONTWIKKELING 197

TRUC 198

AARDAPPELBORD MET CHORIZO EN GROENE PEPER 199

INGREDIËNTEN 199

ONTWIKKELING 199

TRUC 199

ARME AARDAPPELS 199

INGREDIËNTEN 200

ONTWIKKELING 200

TRUC 200

ROZE EIEREN 200

INGREDIËNTEN 201

ONTWIKKELING 201

TRUC 201

AARDAPPELEN MET RIBBEN 201

    INGREDIËNTEN 202

    ONTWIKKELING 202

    TRUC 202

GEBAKKEN EIEREN 202

    INGREDIËNTEN 203

    ONTWIKKELING 203

    TRUC 203

HAZELNOOT AARDAPPELS 204

    INGREDIËNTEN 204

    ONTWIKKELING 204

    TRUC 204

MOLLE EIEREN 205

    INGREDIËNTEN 205

    ONTWIKKELING 205

    TRUC 205

AARDAPPELEN RIO JEAN STIJL 206

    INGREDIËNTEN 206

    ONTWIKKELING 206

    TRUC 206

AARDAPPELEN MET SNOEPJES 207

    INGREDIËNTEN 207

    ONTWIKKELING 207

    TRUC 207

KNOFLOOKGARNALENOMELET 208
    INGREDIËNTEN 208
    ONTWIKKELING 208
    TRUC 208
GESTOKEN AARDAPPELS MET KABELJAUW 209
    INGREDIËNTEN 209
    ONTWIKKELING 209
    TRUC 209
AARDAPPELPUREE 210
    INGREDIËNTEN 210
    ONTWIKKELING 210
    TRUC 210
BONENTORTILLA MET MORCILLA 211
    INGREDIËNTEN 211
    ONTWIKKELING 211
    TRUC 211
Roerei 212
    INGREDIËNTEN 212
    ONTWIKKELING 212
    TRUC 212
GESTOKEN AARDAPPELS MET NUSKALI 213
    INGREDIËNTEN 213
    ONTWIKKELING 213
    TRUC 213
BOLETES EN PELLETSOMELET 214
    INGREDIËNTEN 214

ONTWIKKELING 214

TRUC 214

Roerei 215

INGREDIËNTEN 215

ONTWIKKELING 215

TRUC 215

COURGETTE EN TOMATENOMELET 216

INGREDIËNTEN 216

ONTWIKKELING 216

TRUC 216

REVOLCONAS AARDAPPELEN MET TORREZNOS 217

INGREDIËNTEN 217

ONTWIKKELING 217

TRUC 217

PADDESTOEL- EN PARMEZAANSE OMELET 218

INGREDIËNTEN 218

ONTWIKKELING 218

TRUC 218

SOEPELIGE AARDAPPELS

INGREDIËNTEN

1 kg aardappelen van dezelfde grootte

2 liter olijfolie

Zout

ONTWIKKELING

Aardappelen worden geschild en in een rechthoek vierkant gemaakt. Snijd de aardappelen met een mandoline en houd een dikte van ongeveer 4 mm aan. Leg ze op keukenpapier (geen water in doen) en droog ze goed af.

Verhit de olie in een pan tot een temperatuur van ongeveer 150°C (laat het continu borrelen). Voeg de aardappelen in gedeelten toe en draai de pan zachtjes rond in cirkelvormige bewegingen. Bak gedurende 12 minuten of tot ze naar boven beginnen te rijzen. Verwijder en bewaar op absorberend papier.

Zet het vuur hoog tot het licht begint te roken en voeg de aardappelen opnieuw in gedeelten toe, roer met een schuimspaan. Gedurende deze tijd zwellen ze op. Zout en serveer.

TRUC

Ze kunnen de dag ervoor worden gemaakt; het is alleen nodig om ze in de koelkast te reserveren, op keukenpapier geplaatst. Als ze klaar zijn om te eten, bak ze dan nog een laatste keer in zeer hete olie, zodat ze opgezwollen en knapperig zijn. Zout op het einde. Het is van groot belang dat de aardappelen van een droge soort zijn, zoals zuur. Het werkt perfect.

OMELET

INGREDIËNTEN

7 grote eieren

800 g aardappelen om te bakken

Virgin olijfolie

Zout

ONTWIKKELING

Schil de aardappelen. Snijd ze in de lengte in vieren en vervolgens in dunne plakjes. Verhit de olie op middelhoog vuur. Voeg de aardappelen toe en bak tot ze zacht en licht goudbruin zijn.

Klop eieren en zout. Giet de aardappelen goed af en voeg ze toe aan de losgeklopte eieren. Pas het zout aan.

Verhit een pan heel goed, voeg 3 eetlepels aardappelfrituurolie toe en voeg het ei-aardappelmengsel toe. Roer gedurende 15 seconden op hoog vuur en draai met een bord. Verhit een pan en voeg 2 eetlepels olie toe van het bakken van de aardappelen. Voeg de tortilla toe en bak op hoog vuur gedurende 15 seconden. Verwijder en serveer.

TRUC

Om te voorkomen dat de tortilla gaat plakken, verwarm je de pan goed voordat je de olie toevoegt. Als je wilt dat het mooi gekruld, getrimd en lichtbruin is, zet dan het vuur laag en blijf koken totdat we het lekker vinden.

HERTOGIN AARDAPPELS

INGREDIËNTEN

500 g aardappelen

60 g boter

3 eieren

Nootmuskaat

2 eetlepels olijfolie

Zout en peper

ONTWIKKELING

Schil de aardappelen, snijd ze in vieren en kook ze in gezouten water gedurende 30 minuten. Giet af en passeer door een voedselmolen.

Voeg als het warm is zout, peper, nootmuskaat, boter en 2 eierdooiers toe. Goed mengen.

Maak met 2 ingevette lepels stapeltjes aardappelen op een bord bedekt met bakpapier. Bestrijk met nog een losgeklopt ei en bak op 180°C tot ze goudbruin zijn.

TRUC

Het is ideaal om de puree in een spuitzak met gekrulde punt te doen.

RIJST IN CUBAANSE STIJL

INGREDIËNTEN

Plovrijst (zie Rijst en pasta)

4 eieren

4 bananen

Tomatensaus (zie Bouillon en sauzen)

Meel

Olijfolie

ONTWIKKELING

Bereid rijstpilaf en tomatensaus.

Bak de eieren in een grote hete olie, maar laat de dooier lichtjes stremmen.

Strooi de bloem erdoor en bak tot het licht goudbruin is.

Rijst bedekken, saus met tomatensaus en gebakken ei en banaan toevoegen.

TRUC

Gebakken bakbanaan kan intrigerend zijn, maar het uitproberen maakt deel uit van het originele recept.

RIJSTBOUILLON MET CLAMS, MOSSELS EN KERVIN

INGREDIËNTEN

800 g rijst

250 g mosselen

250 g schone mosselen in de schaal

100 g gepelde garnalen

2 liter visbouillon

1 eetlepel chorizo-peperpulp

2 teentjes knoflook

1 ui

1 geraspte tomaat

Olijfolie

Zout

ONTWIKKELING

Spoel de mosselen af in een kom met koud water en 4 eetlepels zout.

Snijd de ui en de knoflookteentjes in kleine stukjes en laat 15 minuten op laag vuur sudderen.

Voeg de geraspte tomaat en chorizopeper toe en kook verder tot de tomaat zijn water verliest.

Voeg toe en bak de rijst gedurende 3 minuten. Rook tot het zoutniveau en kook op middelhoog vuur gedurende ongeveer 18 minuten of tot de rijst gaar is.

Voeg de laatste 3 minuten de mosselen, mosselen en garnalen toe.

TRUC

Reinigen betekent onderdompelen in koud zout water; op deze manier zullen de mosselen of andere slakken al het zand en vuil dat ze hadden verdringen.

KANTONRIJST MET KIP

INGREDIËNTEN

200 g lange rijst

50 g gekookte erwten

150 ml tomatensaus

½ dl sojasaus

2 kipfilets

2 plakjes op ananassiroop

1 grote groene paprika

1 grote lente-ui

Olijfolie

Zout en peper

ONTWIKKELING

Kook de rijst in een grote pan met kokend gezouten water gedurende 14 minuten. Giet af en koel af.

Snijd de paprika en ui in kleine stukjes en laat 10 minuten op laag vuur sudderen. Verhoog het vuur en voeg de gekruide en versnipperde kip toe.

Laat een beetje bruin worden en voeg rijst, sojabonen, erwten en ananas toe. Laat het op laag vuur inkoken tot het droogt.

Voeg de tomaat toe, zet het vuur hoger en laat sudderen tot de rijst gaar is.

TRUC

De rijst moet in de laatste 2 minuten gebakken worden als de hoeveelheid soja volledig is verminderd. Je kunt wat gekookte garnalen of garnalen toevoegen.

GEVULDE RIJST

INGREDIËNTEN

500 g rijst

1 ¼ l kippen- of runderbouillon

1 worst

1 worst

1 bloedworst

1 konijn

1 kleine kip

1 tomaat

10 eieren

Saffraan of kleurstof

Olijfolie

Zout en peper

ONTWIKKELING

Verwarm de oven tot 220°C. Snijd de chorizo, worst en bloedworst in kleine stukjes en bak ze in een paellapan op hoog vuur bruin. Verwijderen en reserveren.

Bak het gehakte konijn en de kip in dezelfde olie. Proef en voeg geraspte tomaat toe. Kook tot er geen water meer is.

Voeg de worstjes en rijst toe en kook 2 minuten.

Bevochtig met zoute bouillon, voeg saffraan of kleurstof toe en kook gedurende 7 minuten op middelhoog vuur. Voeg de eieren toe en kook gedurende 13 minuten.

TRUC

Om de eieren veel meer te laten groeien in de oven, klopt u ze lichtjes zonder zout.

Catalaanse RIJST

INGREDIËNTEN

500 g rijst

500 g tomaten

150 g verse worst

150 g gemengd gehakt

100 g gehakte uien

1 liter vleesbouillon

1 ½ theelepel paprikapoeder

1 theelepel verse peterselie

1 theelepel bloem

½ eetlepel bloem

3 teentjes knoflook

2 laurierblaadjes

1 ei

10 draadjes saffraan

Suiker

1 eetlepel boter

Olijfolie

Zout en peper

ONTWIKKELING

Meng gehakt, peterselie, 1 fijngehakt teentje knoflook, ei, zout en peper. Kneed alles en maak balletjes. Bruin in olie, verwijder en bewaar.

Fruit de boter in dezelfde olie op laag vuur. Voeg de bloem en ½ theelepel paprikapoeder toe en laat nog 1 minuut koken. Voeg de in vieren gesneden tomaten en 1 laurierblad toe. Dek af en kook gedurende 30 minuten, meng, zeef en pas indien nodig zout en suiker aan.

Worsten en gehaktballetjes in kant-en-klare stukken gesneden gedurende 5 minuten in tomatensaus.

Fruit de overige 2 teentjes knoflook en fijngesneden ui apart, voeg rijst, 1 theelepel paprikapoeder, nog een laurierblad toe en roerbak 2 minuten. Voeg de saffraan en de kokende bouillon toe tot zouttemperatuur en kook gedurende 18 minuten of tot de rijst gaar is.

TRUC

Aan dit rijstgerecht kan ook worst worden toegevoegd.

BRUINE RIJST MET WITTE BONEN EN AMANDELEN

INGREDIËNTEN

300 g rijst

250 g witte bonen

450 g snijbiet

½ liter kippenbouillon

2 teentjes knoflook

1 geraspte tomaat

1 ui

1 theelepel paprikapoeder

10 draadjes saffraan

Olijfolie

Zout

ONTWIKKELING

Laat de bonen de avond ervoor weken. Kook in koud water zonder zout tot het zacht is. Reserveren.

Maak de snijbietbladeren schoon en snijd ze in middelgrote stukken. Maak de bladeren schoon, schil ze en snijd ze in kleine stukjes. Kook in kokend gezouten water gedurende 5 minuten of tot ze gaar zijn. Herstellen.

Snij de ui en knoflook in kleine stukjes. Bak ze in een pan op laag vuur. Voeg paprika en saffraan toe. Kook gedurende 30 seconden. Voeg de tomaat toe, zet het vuur hoger en kook tot de tomaat al zijn water verliest.

Voeg de rijst toe en kook nog 2 minuten. Voeg 250 ml water van het koken van de bonen en nog eens 250 ml water van het koken van de snijbiet toe aan de kippenbouillon. Bestrooi het met zout en voeg toe aan de rijst. Kook gedurende 15 minuten, voeg de snijbiet en bonen toe en kook nog eens 3 minuten.

TRUC

Roer aan het einde van het koken de rijst een beetje om het zetmeel te verwijderen en de bouillon dikker te maken.

RIJST MET VERSE TONIJN

INGREDIËNTEN

200 g rijst

250 g verse tonijn

1 theelepel zoete paprika

½ l visbouillon

4 geraspte tomaten

3 piquillo-paprika's

1 groene paprika

2 teentjes knoflook

1 ui

10 draadjes saffraan

Zout

ONTWIKKELING

Bak de tonijnblokjes in een paellapan op hoog vuur bruin. Verwijderen en reserveren.

Snij de ui, groene paprika en knoflook in kleine stukjes. Bak op laag vuur in dezelfde olie als de tonijn gedurende 15 minuten.

Voeg saffraan, paprika, piquillo-pepers in middelgrote stukken en geraspte tomaten toe. Kook tot de tomaat al zijn water verliest.

Voeg vervolgens de rijst toe en kook nog 3 minuten. Was met zoute bouillon en kook gedurende 18 minuten. Ongeveer 1 minuut voordat de rijst gaar is, voeg je de tonijn opnieuw toe. Laat 4 minuten staan.

TRUC

Bij het koken van tonijn is voorzichtigheid geboden. Als het te veel wordt gedaan, zal het erg droog zijn en bijna geen smaak hebben.

RIJST MET KIP, BACON, AMANDELEN EN ROZIJNEN

INGREDIËNTEN

300 g rijst

175 g spek

150 g geroosterde gegranuleerde amandelen

75 g rozijnen

700 ml kippenbouillon

1 kipfilet

10 draadjes saffraan

1 groene paprika

1 rode paprika

1 teentje knoflook

1 geraspte tomaat

1 lente-ui

Olijfolie

Zout en peper

ONTWIKKELING

Snijd het borststuk in middelgrote stukken, breng op smaak met zout en peper en bak op hoog vuur bruin. Verwijderen en reserveren. Bak het in blokjes gesneden spek bruin in dezelfde olie. Verwijderen en reserveren.

Snij alle groenten in kleine stukjes, behalve de tomaat. Stoof ze op laag vuur gedurende 15 minuten. Voeg de saffraan en paprika toe. Sauteer gedurende 30 seconden. Voeg de geraspte tomaat toe en kook op hoog vuur tot al het water verdampt is.

Voeg de rijst toe en kook 3 minuten, onder voortdurend roeren. Voeg kip, rozijnen en spek toe. Was met zoute bouillon en kook gedurende 18 minuten. Laat 4 minuten staan en serveer met amandelen erop.

TRUC

Om de rozijnen zachter te maken, kun je ze het beste in water of een beetje rum bevochtigen.

RIJST MET KABELJAUW EN WITTE BONEN

INGREDIËNTEN

200 g rijst

250 g gezouten kabeljauw

125 g witte bonen, gekookt

½ l visbouillon

1 lente-ui

1 teentje knoflook

1 geraspte tomaat

1 groene paprika

10 draadjes saffraan

Olijfolie

Zout

ONTWIKKELING

Snijd de ui, knoflook en paprika in kleine stukjes en bak ze op laag vuur gedurende 15 minuten. Voeg de saffraan en de geraspte tomaat toe en kook tot de tomaten bijna waterloos zijn.

Voeg de rijst toe en kook 3 minuten. Voeg de bouillon toe tot het zoutpunt en kook ongeveer 16 minuten. Kabeljauw en bonen toevoegen. Kook nog 2 minuten en laat 4 minuten staan.

TRUC

Het kan tijdens de eerste bereiding in de oven worden gezet, zodat de rijst volledig droog is. 18 minuten bij 200 °C is voldoende.

RIJST MET KREEFT

INGREDIËNTEN

250 g rijst

150 g mosselen

¾ l visbouillon (zie paragraaf Bouillon en sauzen)

1 grote kreeft

1 eetlepel gehakte peterselie

2 geraspte tomaten

1 ui

1 teentje knoflook

10 draadjes saffraan

Olijfolie

Zout

ONTWIKKELING

Snijd de kreeft doormidden. Spoel de mosselen 2 uur in koud water met veel zout.

Bak de kreeft aan beide kanten in een beetje olie. Bewaar en voeg uien en knoflook toe, in kleine stukjes gesneden in dezelfde olie. Laat 10 minuten op laag vuur sudderen.

Voeg de saffraan toe, kook 30 seconden, zet het vuur hoger en voeg de tomaten toe. Kook tot de tomaat al zijn water verliest.

Voeg de rijst toe en kook 2 minuten. Wassen met kokende bouillon tot zouttemperatuur en kook nog eens 14 minuten. Voeg de mosselen en de kreeft met de kant naar beneden toe. Laat afgedekt 4 minuten staan.

TRUC

Om deze rijst zoet te maken, moet je drie keer meer bouillon dan rijst toevoegen. En als je wilt dat het er soepig uit komt, moet je vier keer meer bouillon toevoegen dan rijst.

GRIEKSE RIJST

INGREDIËNTEN

600 g rijst

250 g verse worst

100 g spek in kleine stukjes

100 g rode paprika

100 g uien

50 g erwten

1 liter vleesbouillon

1 laurierblad

1 takje tijm

Zout en peper

ONTWIKKELING

Snijd de ui en rode paprika in kleine stukjes en bak op middelhoog vuur.

Snijd de worstjes in stukjes en voeg toe aan de gebakken ui en paprika. Voeg het spek toe en kook gedurende 10 minuten.

Doe de rijst erbij en voeg de bouillon toe tot het zout, de erwten en de kruiden. Breng op smaak met peper en zout en laat nog 15 minuten sudderen.

TRUC

Piquillo-pepers kunnen worden gebruikt; Ze voegen het perfecte vleugje zoetheid toe.

RIJST IS GENOEG

INGREDIËNTEN

600 g rijst

500 g tomaten

250 g schoongemaakte champignons

150 g boter

90 g uien

75 g geraspte Parmezaanse kaas

1 l en ¼ vleesbouillon

12 draadjes saffraan

Zout

ONTWIKKELING

Fruit de gesnipperde ui in boter gedurende 10 minuten op laag vuur. Voeg de tomaten in kleine stukjes toe en bak nog 10 minuten of tot de tomaten al hun water hebben verloren.

Voeg de rijst toe en bak 2 minuten. Voeg vervolgens de gespleten champignons en saffraan toe.

Voeg de kokende bouillon toe tot de temperatuur van het zout en kook ongeveer 18 minuten of tot de rijst gaar is. Voeg de kaas toe en meng.

TRUC

Als de saffraan licht geroosterd wordt in aluminiumfolie en geplet in een vijzel met zout, verspreidt de saffraan zich gelijkmatig.

ZEEWELCH GEPAANDE RIJST

INGREDIËNTEN

500 g bomba- of ronde rijst

1 ½ l visbouillon

1 ui

1 rode paprika

1 groene paprika

1 grote geraspte tomaat

2 teentjes knoflook

8 strengen saffraan

8 baby-inktvissen

Een verscheidenheid aan zeevruchten (scampi's, garnalen, enz.)

Olijfolie

Zout

ONTWIKKELING

Bereid visbouillon met botten, viskoppen en schaaldieren. Om dit te doen, kookt u alles gedurende 25 minuten op laag vuur met voldoende water om ze tijdens het koken te bedekken. Zeef en bestrooi met zout.

Snijd ondertussen de ui, paprika en knoflook in blokjes en bak deze in een beetje olie. Voeg de gehakte inktvis toe en kook op hoog vuur gedurende 2 minuten. Voeg de geraspte tomaat toe en kook tot hij zijn water verliest.

Rijst toevoegen en bakken. Voeg de saffraan toe, rook tot het zoutpunt en kook op middelhoog vuur gedurende 18 minuten.

Voeg de laatste 2 minuten de schelpdieren toe, goed schoongemaakt en indien gewenst vóór het grillen. Laat het 5 minuten rusten.

TRUC

Als je een paar ñoras aan de fumet toevoegt, krijgt de bouillon meer smaak en een mooie kleur.

RIJST DRIE VOORDELEN

INGREDIËNTEN

400 g rijst

150 g gekookte ham

150 g erwten

3 wortels

3 eieren

Olijfolie

Zout

ONTWIKKELING

Bak de rijst in een beetje olie en kook vervolgens in kokend gezouten water.

Schil intussen de wortels, snijd ze in kleine stukjes en stoof ze op hoog vuur. Kook de erwten gedurende 12 minuten in kokend gezouten water. Zeef en koel.

Maak een Franse omelet met 3 eieren. De gekookte ham wordt in blokjes gesneden en gemengd met rijst. Bak gedurende 5 minuten op laag vuur. Voeg wortel, erwten en tortilla toe, in dunne reepjes gesneden.

TRUC

Gebruik voor dit recept betere lange rijst. Je moet het koken met de juiste hoeveelheid water.

VLOTTE RIJST MET PARTIJEN

INGREDIËNTEN

500 g bombarijst

2 patrijzen

1 ui

1 rode paprika

1 groene paprika

1 wortel

2 teentjes knoflook

2 eetlepels gebakken tomaat

1 laurierblad

Tijm

Brandewijn

Olijfolie

Zout en peper

ONTWIKKELING

Snijd de patrijzen in stukjes en verleng ze. Bak ze in een pan op hoog vuur bruin. Verwijderen en reserveren. Bak in dezelfde olie de paprika, ui, knoflook en wortel, allemaal fijngehakt.

Voeg de gebakken tomaat en cognac toe en laat inkoken. Voeg vervolgens tijm, laurier en patrijzen toe. Bedek met water en een snufje zout en laat sudderen tot de patrijzen gaar zijn.

Als de patrijzen zacht zijn, haal ze dan uit de bouillon en laat slechts anderhalve liter kokende bouillon in dezelfde pan achter.

Voeg de bouillon toe aan het zout en voeg de rijst toe en nogmaals de patrijzen. Kook ongeveer 18 minuten en roer de rijst op het einde een beetje om hem zacht te maken.

TRUC

Dit recept kan 's nachts worden gemaakt. Het is alleen nodig om rijst toe te voegen.

RISOTTO VAN ZALM EN WILDE ASPERGES

INGREDIËNTEN

240 g wilde rijst

150 g Parmezaanse kaas

600 cl vleesbouillon

1 glas witte wijn

2 eetlepels boter

4 wilde asperges

1 ui

4 plakjes gerookte zalm

ONTWIKKELING

Fruit de gesnipperde ui in 1 eetlepel boter gedurende 10 minuten op laag vuur. Voeg de rijst toe en kook nog 1 minuut. Voeg de wijn toe en laat deze volledig verdampen.

Snijd ondertussen de asperges in kleine plakjes en bak ze mee. Reserveren

Kook de bouillon tot hij zout is en voeg hem toe aan de rijst (deze moet een vinger boven de rijst uitsteken). Kook op laag vuur, onder voortdurend roeren, en voeg meer bouillon toe terwijl de vloeistof verdampt.

Als de rijst bijna gaar is (laat hem altijd een beetje soepig zijn), voeg je de reepjes gebakken asperges en gerookte zalm toe.

Werk af met Parmezaanse kaas, nog een eetlepel boter en meng. Laat het 5 minuten rusten voordat je het serveert.

TRUC

De wijn kan ook rood, rosé of cava zijn. Rijst kan van tevoren worden gekookt. Om dit te doen, hoeft u alleen maar de rijst 10 minuten te koken, in te vriezen tot hij is afgekoeld en in de koelkast te bewaren. Als je het wilt koken, hoef je alleen maar hete bouillon erbij te gieten en te wachten tot de rijst klaar is.

RIJST MET VARKENSVLEES, KIKKERERWTEN EN SPARKLES

INGREDIËNTEN

300 g rijst

250 g gekookte kikkererwten

250 g verse spinazie

450 g zeeduivel in stukjes

750 ml visbouillon

10 draadjes saffraan

2 teentjes knoflook

1 lente-ui

1 geraspte tomaat

1 theelepel paprikapoeder

Olijfolie

Zout en peper

ONTWIKKELING

Kruid de zeeduivel en bak hem bruin in een hete paellapan. Reserveren.

Snijd de ui en knoflook fijn. Laat 10 minuten sudderen in dezelfde paellapan als de zeeduivel. Voeg de gehakte spinazie toe en kook nog 3 minuten.

Voeg paprika en saffraan toe en kook gedurende 30 seconden. Voeg de geraspte tomaat toe en kook tot deze al zijn water verliest.

Voeg de rijst toe en bak 2 minuten. Was met zoute bouillon en kook gedurende 15 minuten. Voeg zeeduivel en kikkererwten toe en kook nog 3 minuten.

TRUC

De rest in de rijst is essentieel. U moet het minimaal 4 minuten laten staan voordat u het serveert.

RIJST OF CALDEIRO

INGREDIËNTEN

200 g rijst

150 g mager varkensvlees

150 gram varkensribbetjes

¼ konijn

¼ l runder- of kippenbouillon

10 draadjes saffraan

2 geraspte tomaten

2 teentjes knoflook

1 kleine rode paprika

1 ui

Olijfolie

Zout en peper

ONTWIKKELING

Kruid en bruin varkensvlees, konijn en gehakte ribben op hoog vuur. Verwijderen en reserveren.

Fruit in dezelfde olie de uien, paprika en knoflook, in kleine blokjes gesneden, gedurende 15 minuten. Voeg saffraan en geraspte tomaten toe. Kook tot de tomaat al zijn water heeft verloren.

Voeg de rijst toe en kook 2 minuten. Was met zoute bouillon en kook nog 18 minuten.

TRUC

De rijst moet plakkerig zijn. Als dit niet het geval is, voeg dan aan het einde van de kooktijd nog wat bouillon toe en roer een beetje.

ZWARTE RIJST MET INKTVIS

INGREDIËNTEN

400 g rijst

1 l visbouillon

16 gepelde garnalen

8 baby-inktvissen

1 teentje knoflook

2 eetlepels tomatensaus

8 pakjes inktvisinkt

½ ui

½ groene paprika

½ rode peper

½ glas witte wijn

Olijfolie

Zout

ONTWIKKELING

Snijd de ui, knoflook en paprika fijn en bak alles in een paellapan op laag vuur tot de groenten zacht zijn.

Voeg de schoongemaakte inktvis toe, in middelgrote stukken gesneden en bak op hoog vuur gedurende 3 minuten. Voeg de tomatensaus toe en kook nog 5 minuten.

Voeg de wijn toe en laat volledig inkoken. Voeg de rijst en de inktpakjes toe en bak nog 3 minuten.

Voeg kokende bouillon toe tot de zouttemperatuur en bak op 200°C gedurende 18 minuten of tot het droog is. Voeg de laatste 5 minuten de garnalen toe en laat ze nog 5 minuten rusten voordat je ze serveert.

TRUC

Het is gemakkelijker voor ze om aan het einde van de gebakken rijst op hun plaats te komen. Begeleid door een goede aioli.

PILAF RIJST

INGREDIËNTEN

300 g rondkorrelige rijst

120 g boter

60 g uien

600 ml kippenbouillon (of kokend water)

2 teentjes knoflook

1 takje tijm, peterselie en laurier

ONTWIKKELING

Snij de ui en knoflook in een brunoza en bak ze in boter, zonder te laten kleuren.

Wanneer het doorschijnend begint te worden, voeg je het garniboeket en de rijst toe. Bak totdat de rijst goed doordrenkt is met botervet. Bevochtig met bouillon of kokend gezouten water en roer.

Kook ongeveer 6 of 7 minuten op de hoogste stand, zet het dan laag, dek af en laat nog eens 12 minuten koken.

TRUC

Het kan 12 minuten in de oven op 200 °C worden gekookt tot het droog is. Deze rijst dient als hoofdgerecht of als bijgerecht bij vlees en vis.

FIDEUÁ VAN VIS EN ZEEWIER

INGREDIËNTEN

400 g dunne noedels

350 g tomaten

250 g zeeduivel

800 ml bouillon

4 scampi's

1 kleine ui

1 groene paprika

2 teentjes knoflook

1 eetlepel paprikapoeder

10 draadjes saffraan

Olijfolie

Zout en peper

ONTWIKKELING

Bak de paella in een pan of pot, meng de noedels met de olie. Verwijderen en reserveren.

Noorse kreeften en gekruide zeeduivel worden in dezelfde olie gebakken. Verwijderen en reserveren.

Fruit de ui, paprika en knoflook in kleine stukjes gesneden in dezelfde olie. Voeg paprika, saffraan en geraspte tomaten toe en kook 5 minuten.

Voeg de noedels toe en roer. Breng op smaak met rook tot zoutniveau en kook op middelhoog vuur gedurende 12 minuten of tot de bouillon is verdampt. Voeg, met nog 3 minuten om het koken af te ronden, de Noorse kreeft en zeeduivel toe.

TRUC

Begeleid door zwarte aioli. Hiervoor hoef je alleen maar een gewone aioli te maken en deze te mengen met een zakje inktvisinkt.

PUTANESCA PASTA

INGREDIËNTEN

1 potje ansjovis 60 g

2 teentjes knoflook

2 eetlepels kappertjes

2 of 3 grote tomaten, geraspt

20 ontpitte zwarte olijven

1 cayennepeper

Suiker

Oregano

Parmezaanse kaas

ONTWIKKELING

Gehakte ansjovis worden in blikjes olie op laag vuur gebakken tot ze bijna gaar zijn. Voeg de knoflook toe, in zeer kleine stukjes gesneden en laat 4 minuten sudderen.

Voeg de gehakte kappertjes, de geraspte tomaat en de ontpitte en in vieren gesneden olijven toe. Kook ongeveer 10 minuten op middelhoog vuur met de cayennepeper (verwijder deze als de saus gaar is) en pas eventueel de suiker aan. Voeg naar smaak oregano en Parmezaanse kaas toe.

Maak een soort pasta en voeg er putanesca aan toe.

TRUC

Je kunt een beetje geraspte wortel en rode wijn in de bereiding doen.

FONKEL EN KAAS CANNELLONI

INGREDIËNTEN

500 g spinazie

200 gram kwark

75 g geraspte Parmezaanse kaas

50 g geroosterde pijnboompitten

16 borden pasta

1 losgeklopt ei

Tomatensaus (zie Bouillon en sauzen)

Bechamelsaus (zie Bouillon en sauzen)

Zout

ONTWIKKELING

Kook de pastaborden in een grote pan met kokend water. Verwijderen, afkoelen en drogen op een schone doek.

Kook de spinazie 5 minuten in kokend gezouten water. Giet af en koel af.

Meng de kazen, pijnboompitten, spinazie, ei en zout in een kom. Vul de cannelloni met het mengsel en geef ze een cilindervorm.

Leg de bodem van de tomatensaus op de bakplaat, beleg met de cannelloni en maak af met de bechamelsaus. Bak gedurende 40 minuten op 185°C.

TRUC

Je kunt elk type kaas gebruiken voor de vulling en er wat Burgos-kaas overheen doen om het meer textuur en zachtheid te geven.

SPAGHETTI MARINERA

INGREDIËNTEN

400 gram spaghetti

500 g mosselen

1 ui

2 teentjes knoflook

4 eetlepels water

1 kleine tomaat

1 klein glas witte wijn

½ chilipeper

Olijfolie

Zout

ONTWIKKELING

Dompel de mosselen 2 uur in koud water met veel zout om ze grondig te ontdoen van eventueel achtergebleven vuil.

Eenmaal schoongemaakt, kook ze in een afgedekte pan met 4 eetlepels water en een glas wijn. Zodra ze opengaan, verwijder je ze en bewaar je het kookwater.

Fruit de ui en knoflook, in kleine stukjes gesneden, gedurende 5 minuten. Voeg de in blokjes gesneden tomaat toe en kook nog 5 minuten. Voeg de chilipepers toe en kook tot ze goed gaar zijn.

Verhoog het vuur en voeg het water van de mosselkook toe. Laat 2 minuten koken tot de wijn al zijn alcohol heeft verloren en voeg de mosselen toe. Kook nog eens 20 seconden.

Maak de spaghetti apart klaar, zeef ze en stoof ze met de saus en de mosselen zonder af te koelen.

TRUC

Je kunt aan dit gerecht ook wat blokjes zeeduivel, garnalen of mosselen toevoegen. Het resultaat is net zo goed.

FLORENTIJNSE VERSE PASTALASAGNE

INGREDIËNTEN

Voor pastavellen

100 g bloem

2 eieren

Zout

Voor tomatensaus

500 g rijpe tomaten

250 g uien

1 teentje knoflook

1 kleine wortel

1 klein glas witte wijn

1 takje tijm, rozemarijn en laurierblaadjes

1 ham-einde

Voor de Mornay-saus

80 g bloem

60 g geraspte Parmezaanse kaas

80 g boter

1 liter melk

2 eierdooiers

Nootmuskaat

Zout en peper

Andere ingrediënten

150 g pure spinazie

Geraspte parmezaanse kaas

ONTWIKKELING

Voor pastavellen

Schik de bloem in de vorm van een vulkaan op tafel en doe een snufje zout en eieren in het centrale gat. Meng met je vingers.

Kneed met de palm van je hand, vorm een bal en laat deze 30 minuten in de koelkast rusten, afgedekt met een vochtige doek. Een heel dun deel wordt uitgerold met een deegroller, gekookt en afgekoeld.

Voor tomatensaus

Snijd de ui, knoflook en wortel julienne en bak deze samen met het uiteinde van de ham. Voeg de wijn toe en laat inkoken. Voeg de in vieren gesneden tomaten en kruiden toe en dek af. Kook gedurende 30 minuten. Pas zout en suiker aan. Verwijder de kruiden en ham en meng.

Voor de Mornay-saus

Bereid de bechamelsaus (zie Bouillon en Sauzen) met behulp van de bovenstaande gewichten. Voeg de dooiers en kaas van het vuur toe.

Af te maken

Snijd de spinazie fijn en kook 5 minuten in kokend water. Laat afkoelen en laat goed uitlekken. Meng met Mornay-saus.

Serveer de tomatensaus op de bodem van de schaal, voeg vervolgens de verse pasta toe en maak af met de spinazie. Herhaal de actie 3 keer. Werk af met Mornaysaus en geraspte Parmezaanse kaas. Bak op 180°C gedurende 20 minuten.

TRUC

Om tijd te besparen kunt u lasagnevellen kopen.

SPAGHETTI MET CARBONARASAUS

INGREDIËNTEN

400 gram pasta

100 g pancetta

80 g Parmezaanse kaas

2 eieren

Olijfolie

zout en zwarte peper

ONTWIKKELING

Snij het spek in reepjes en bak deze in een hete pan met een beetje olie. Reserveren.

Kook de spaghetti in kokend gezouten water. Klop ondertussen 2 eierdooiers los en voeg de geraspte kaas toe, samen met een snufje zout en peper.

Zeef de pasta zonder af te koelen en meng hem, zonder hem te laten afkoelen, met de losgeklopte eieren. Kook met de eigen hitte van de pasta. Voeg pancetta toe en serveer met geraspte kaas en peper.

TRUC

Eiwit is een goede meringue.

VLEES CANNELLONI MET PADDESTOEL BESAMEL

INGREDIËNTEN

300 g champignons

200 gram rundvlees

12 borden cannelloni of verse pasta (100 g bloem, 1 ei en zout)

80 g Parmezaanse kaas

½ liter melk

1 ui

1 groene paprika

2 teentjes knoflook

1 kop tomatensaus

2 wortels

40 g bloem

40 g boter

witte wijn

Oregano

Nootmuskaat

Zout en peper

ONTWIKKELING

Groenten worden in kleine stukjes gesneden en gebakken. Voeg het vlees toe en blijf koken totdat het kalfsvlees zijn roze kleur verliest. Het seizoen. Voeg de witte wijn toe en laat inkoken. Voeg de tomatensaus toe en kook gedurende 30 minuten. Voeg wat oregano toe en laat afkoelen.

Maak daarnaast een bechamelsaus met boter, bloem, melk en nootmuskaat (zie Bouillon en Sauzen). Sla dan de champignons over en meng deze samen met de bechamelsaus.

Maak de cannelloniplaten. Vul de pasta met vlees en wikkel hem in. Saus met champignonbechamelsaus en bestrooi met geraspte Parmezaanse kaas. Bak gedurende 5 minuten op 190°C en gratineer.

TRUC

Om te voorkomen dat ze uit elkaar vallen, splitst u de cannelloni terwijl ze nog koud zijn. Dan blijft het alleen nog om de porties in de oven te verwarmen.

LASAGNE VAN GROUPER EN INKTVIS

INGREDIËNTEN

Over bechamel

50 g boter

50 g bloem

1 liter melk

Nootmuskaat

Zout

pepersaus

2 grote rode paprika's

1 kleine ui

Olijfolie

Suiker

Zout

Voor het vullen

400 g groepering

250 g inktvis

1 grote ui

1 grote rode paprika

Kant-en-klare lasagnevellen

ONTWIKKELING

Over bechamel

Bereid bechamelsaus door bloem met boter te bakken en melk toe te voegen. Kook gedurende 20 minuten, onder voortdurend roeren, en breng op smaak met zout en nootmuskaat.

pepersaus

Rooster de paprika's en laat ze, zodra ze geroosterd zijn, 15 minuten rusten.

Bak ondertussen een geraspte ui in een grote olie. Schil de paprika, voeg deze toe aan de ui en bak 5 minuten. Verwijder wat olie en hak fijn.

Pas indien nodig zout en suiker aan.

Voor het vullen

Fruit de uien en paprika's, in juliennereepjes gesneden en voeg de tandbaars toe. Bak 3 minuten op hoog vuur en voeg de inktvis toe. Kook tot het zacht is.

Schep de bechamelsaus op de bakplaat en leg er een laag lasagnepasta op. Vul met vis. Herhaal de actie 3 keer.

Werk af met bechamelsaus en bak gedurende 30 minuten op 170 °C.

Serveer met pepersaus erbovenop.

TRUC

Als je een beetje gekookte en gehakte wortel aan de bechamel toevoegt, wordt het lekkerder.

GEMENGDE PAELLA

INGREDIËNTEN

300 g rijst

200 g mosselen

125 g inktvis

125 g garnalen

700 ml visbouillon

½ gehakte kip

¼ konijn, gehakt

1 takje rozemarijn

12 draadjes saffraan

1 tomaat

1 lente-ui

½ rode peper

½ groene paprika

1 teentje knoflook

Olijfolie

Zout en peper

ONTWIKKELING

Versnipper, breng op smaak en bak de kip en het konijn op hoog vuur bruin. Verwijderen en reserveren.

Fruit in dezelfde olie de fijngesneden ui, peper en knoflook gedurende 10 minuten. Voeg de saffraan toe en bak 30 seconden. Voeg geraspte tomaat toe en kook tot al het water verloren is. Verhoog het vuur en voeg de gehakte inktvis toe. Kook gedurende 2 minuten. Voeg de rijst toe, laat 3 minuten koken en was met de zoute bouillon.

Open de mosselen in een afgedekte pot met een beetje water. Afhalen en reserveren zodra ze opengaan.

Verwarm de oven voor op 200°C en bak ongeveer 18 minuten of tot de rijst droog is. Garnalen worden op het laatste moment toegevoegd. Verwijder en verdeel over de mosselen. Dek af met een doek en laat 4 minuten staan.

TRUC

Voeg bij het toevoegen van zout aan droge rijstbouillon altijd iets meer zout toe dan normaal.

GROENTENLASAGNE MET VERSE KAAS EN KOMIJN

INGREDIËNTEN

3 grote wortelen

2 grote uien

1 grote rode paprika

1 grote aubergine

1 grote courgette

1 bakje Philadelphia-kaas

Geraspte kaas

gemalen komijn

lasagne pasta

bechamelsaus

ONTWIKKELING

Groenten worden in kleine stukjes gesneden en in de volgende volgorde gebakken: wortels, uien, paprika's, aubergines en courgettes. Laat tussen elk een pauze van 3 minuten. Voeg na het stoven kaas en komijn naar smaak toe. Reserveren.

Bereid de lasagnepasta volgens de instructies van de fabrikant en bereid de bechamelsaus (zie Bouillon en Sauzen).

Doe een laag bechamelsaus, nog een laag lasagnepasta en vervolgens de groenten op een ovenschaal. Herhaal deze stap 3 keer en eindig met een laagje bechamelsaus en geraspte kaas. Bak op 190 °C tot de kaas goudbruin is.

TRUC

Er is een ruim assortiment verse smeerkaas. Het kan gemaakt worden met wat geit, met kruiden, zalm, etc.

NOEDELS MET YOGHURT EN TONIJNSAUS

INGREDIËNTEN

400 g tagliatelle

50 g Parmezaanse kaas

2 eetlepels roomkaas

1 eetlepel oregano

2 blikjes tonijn in olie

3 yoghurt

Zout en peper

ONTWIKKELING

Meng in een blender de gedroogde tonijn, kaas, yoghurt, oregano, parmezaanse kaas, zout en peper. Reserveren.

Kook de pasta in ruim gezouten water en giet af zonder af te koelen. Terwijl de noedels nog heet zijn, meng je ze met de saus en serveer.

TRUC

Met deze dressing kun je een goede koude pastasalade zonder mayonaise maken.

AARDAPPELGNOCCHI MET BLAUWE KAAS EN PISTACHESAUS

INGREDIËNTEN

1 kg aardappelen

250 g bloem

150 g room

100 g blauwe kaas

30 g gepelde pistachenoten

1 glas witte wijn

1 ei

Nootmuskaat

Zout en peper

ONTWIKKELING

Was de aardappelen en kook ze met de schil en het zout gedurende 1 uur. Giet af en laat afkoelen zodat je ze kunt pellen. Haal ze door een voedselmolen, voeg het ei, zout, peper, nootmuskaat en bloem toe. Kneed totdat het niet meer aan je handen blijft plakken. Laat het 10 minuten zitten. Verdeel het deeg vervolgens in kleine balletjes (gnocchi).

Kook de blauwe kaas in de wijn en blijf roeren tot de wijn bijna volledig is ingekookt. Voeg room toe en kook 5 min. Breng op smaak met peper en zout en voeg de pistachenoten toe.

Kook de gnocchi in een grote pan met kokend water, laat ze uitlekken en giet ze over de saus.

TRUC

De gnocchi zijn klaar als ze beginnen te drijven.

ZALM CARBONARA PASTA

INGREDIËNTEN

400 gram spaghetti

300 gram zalm

60 g Parmezaanse kaas

200 ml vloeibare room

1 kleine ui

2 eieren

Olijfolie

Zout en gemalen zwarte peper

ONTWIKKELING

Kook de spaghetti in een grote pan met gezouten water. Rasp intussen de kaas en snijd de zalm in kleine stukjes.

Fruit de ui met een beetje olie en voeg de zalm en de room toe. Kook tot de zalm gaar is en breng op smaak met peper en zout. Voeg, zodra je van het vuur af bent, de eieren en de geraspte Parmezaanse kaas toe.

Serveer de vers gekookte spaghetti met carbonara.

TRUC

Als je een beetje spek aan deze saus toevoegt, is het de perfecte topping voor gebakken aubergines.

NOEDELS MET BOLETAS

INGREDIËNTEN

400 g tagliatelle

300 g pure boletus

200 g vloeibare room

1 teentje knoflook

1 glas cognac

Zout

ONTWIKKELING

Kook de noedels in een grote pan met gezouten water. Zeef en koel.

Fruit een fijngehakt teentje knoflook en voeg de gehakte champignons toe. Kook op hoog vuur gedurende 3 minuten. Voeg de cognac toe en laat inkoken tot hij bijna droog is.

Voeg de room toe en kook nog 5 minuten. Pasta en saus afdekken.

TRUC

Als boletus niet in het seizoen is, zijn gedroogde paddenstoelen een goede optie.

PIZZA IN BARBECUES

INGREDIËNTEN

Over massa

250 g sterke bloem

125 g lauw water

15 g vers geperste gist

Olijfolie

Zout

Barbecuesaus

1 kop geroosterde tomaten

1 glas ketchup

½ kopje azijn

1 theelepel oregano

1 theelepel tijm

1 theelepel komijn

1 teentje knoflook

1 blikje cola

1 gehakte cayennepeper

½ ui

Olijfolie

Zout en peper

Andere ingrediënten

Rundergehakt (naar smaak)

Geraspte kipfilet (naar smaak)

Verkruimeld spek (naar smaak)

Diverse geraspte kazen

ONTWIKKELING

Over massa

Doe de bloem met een snufje zout in een kom en maak een vulkaan. Voeg een scheutje olie, water en verkruimelde gist toe en kneed gedurende 10 minuten. Dek af met een doek of huishoudfolie en laat 30 minuten rusten.

Wanneer het oorspronkelijke volume van het deeg is verdubbeld, wordt de werktafel met bloem bestrooid en uitgerekt, waardoor deze een ronde vorm krijgt.

Barbecuesaus

Snijd de ui en knoflook in kleine stukjes en bak. Voeg gebakken tomaat, ketchup, azijn toe en kook gedurende 3 minuten. Voeg de cayennepeper, oregano, tijm en komijn toe. Roer en giet er een blikje Coca-Cola in. Kook tot het een dikke textuur krijgt.

Af te maken

Bak het vlees, de kip en het spek in een pan.

Bekleed een bakplaat met bakpapier en leg het uitgerekte deeg erop. Voeg een laag barbecuesaus toe, nog een laag kaas, nog een laag vlees, nog een laag kaas en eindig met één saus

Verwarm de oven voor op 200°C en bak de pizza ongeveer 15 minuten.

TRUC

Doe er niet te veel vulling in, want dan bakt het deeg niet goed en wordt het rauw.

WITTE WORSTRISOTO MET RODE WIJN EN RAKET

INGREDIËNTEN

240 g wilde rijst (70 g per persoon)

150 g Parmezaanse kaas

100 g verse rucola

600 ml runder- of kippenbouillon

2 Duitse witte worsten

2 eetlepels boter

1 ui

1 teentje knoflook

1 glas rode witte wijn

Olijfolie

Zout

ONTWIKKELING

Pel en snijd de ui en het teentje knoflook in kleine stukjes. Bak 1 eetlepel boter gedurende 10 minuten op laag vuur. Voeg de rijst toe en kook nog 1 minuut. Voeg de wijn toe en laat staan tot deze volledig verdampt is.

Voeg kokende bouillon en zout toe (er moet 1 vinger boven de rijst zitten). Roer voortdurend en voeg meer bouillon toe naarmate je consumeert.

Worsten worden in kleine plakjes gesneden en in een pan bruin gebakken. Als de rijst bijna gaar en een beetje soepig is, voeg je de gestoofde worstjes toe.

Werk af met Parmezaanse kaas, nog een eetlepel boter en meng. Laat 5 minuten staan. Vlak voor het serveren de rucola erop.

TRUC

De beste rijst voor deze bereiding is arborio of carnaroli.

NOEDELS MET GARNALEN, GROENTAPES EN SOJA

INGREDIËNTEN

400 g tagliatelle

150 g gepelde garnalen

5 eetlepels sojasaus

2 wortels

1 courgette

1 prei

Olijfolie

Zout

ONTWIKKELING

Kook de noedels in een grote pan met kokend gezouten water. Zeef en koel.

Maak ondertussen de prei schoon en snijd deze in dunne, langwerpige stokjes. Snijd de courgette en wortels met een aardappelschiller.

Fruit de groenten in een hete pan met een beetje olie gedurende 2 minuten. Voeg de garnalen toe en bak nog eens 30 seconden. Voeg soja en noedels toe en kook nog 2 minuten.

TRUC

Het is niet nodig om zout aan de saus toe te voegen, er zit namelijk al veel zout in de sojasaus.

NOEDELS ROSSEJAT MET KOPJES EN GARNALEN

INGREDIËNTEN

1 kg inktvis

400 g dunne noedels

1 l visbouillon

16 gepelde garnalen

3 teentjes knoflook

1 eetlepel paprikapoeder

¼ liter olijfolie

ONTWIKKELING

Inktvis wordt in stukjes gesneden en samen met knoflook bruin gebakken in een paellapan. Reserveren.

De noedels worden goed gebakken met veel olie. Als ze goudbruin zijn, verwijder en zeef.

Voeg de noedels toe aan de paellapan, voeg de paprika toe en bak 5 seconden. Bevochtig met fumet, voeg gebakken knoflook en inktvis toe.

Als de noedels bijna klaar zijn, voeg je de garnalen toe. Laat 3 tot 4 minuten staan en serveer warm.

TRUC

Het meest typische is om aliolisaus aan dit gerecht toe te voegen.

NOEDELS MET VARKENSLENDES MET KABRALES

INGREDIËNTEN

250 g tagliatelle

200 g Cabrales-kaas

125 ml witte wijn

¾ l room

4 stukken biefstuk

Olijfolie

Zout en peper

ONTWIKKELING

Snijd de heup in dunne reepjes. Kruid en bak bruin in een hete pan. Reserveren.

Voeg de wijn toe om samen met de kaas te laten inkoken. Onder voortdurend roeren, voeg de room toe en kook gedurende 10 minuten op laag vuur. Voeg de lendenen toe en kook nog 3 minuten.

Kook de pasta in een grote pan met kokend gezouten water. Zeef, maar zet niet in de koelkast. Voeg de pasta toe aan de saus en roerbak gedurende 1 minuut.

TRUC

Het is beter om de pasta op het laatste moment te koken, omdat de sauzen er dan beter aan blijven plakken.

BERGSTEW

INGREDIËNTEN

200 g witte bonen

200 gram varkensribbetjes

150 g vers spek

100 g verse chorizo

1 eetlepel paprikapoeder

2 aardappelen

1 varkensoor

1 gewrichtsbeen

1 varkensdraver

1 bloedworst

1 raap

1 kraag

Zout

ONTWIKKELING

Laat de bonen 12 uur weken.

Laat al het vlees en de paprika's met de bonen 3 uur in koud water sudderen of tot ze gaar zijn. Haal het vlees eruit, het is zacht.

Als de bonen bijna gaar zijn, voeg je de rapen en de aardappelen toe, in middelgrote stukken gesneden en kook je ze 10 minuten.

Kook de rietsuiker apart tot ze zacht zijn. Voeg toe aan de stoofpot en kook nog 5 minuten. Pas het zout aan.

TRUC

Snijd het vlees in stukken en serveer het in een kom, en serveer de stoofpot in een taart.

TOLOS BONEN

INGREDIËNTEN

500 g Tolosabonen

125 g spek

3 teentjes knoflook

1 groene paprika

1 ui

1 worst

1 bloedworst

Olijfolie

Zout

ONTWIKKELING

Laat de bonen 10 uur weken.

Giet koud water over de bonen met het spek, de chorizo en de bloedworst. Fruit samen met ½ ui en een scheutje olie. Kook ongeveer 2 uur op zeer laag vuur.

Snijd de paprika fijn met de rest van de ui en knoflook. Laat 10 minuten zachtjes koken en voeg toe aan de bonen. Bestrooi met zout en kook nog 3 minuten.

TRUC

Als de stoofpot tijdens het koken droog wordt, voeg dan koud water toe.

GEMAAKT UIT DE LIEBANA-VALLEI

INGREDIËNTEN

300 gram kikkererwten

500 g morcillo

250 g schokkerig

175 g gemarmerd spek

3 aardappelen

3 worsten

½ kool

1 heupbeen

1 kniebeen

Zout

ONTWIKKELING

Week de kikkererwten 12 uur in heet water.

Doe het vlees in een grote pan en laat het 1 uur sudderen. Voeg de kikkererwten toe en kook nog 2 uur of tot de groenten bijna gaar zijn.

Voeg vervolgens kool en middelgrote aardappelen toe. Voeg een snufje zout toe.

Verdeel al het vlees en serveer met de rest van de stoofpot of op zichzelf.

TRUC

Gebruik kleine kikkererwten zoals lebaniego of pedrosillanos. Als je er ook nog een varkensoor of -snuit aan toevoegt, geeft dat een nog perfectere toets aan de stoofpot.

Weduwe bonen

INGREDIËNTEN

400 g bonen

1 kleine ui

1 kleine prei

2 teentjes knoflook

1 wortel

1 laurierblad

Zout

ONTWIKKELING

Week de bonen de avond ervoor.

Doe de peulvruchten samen met de ui, prei, knoflook, wortel en laurier in de pot. Bedek met koud water en kook gedurende 3 uur of tot de bonen zacht zijn.

Als de tijd om is, haal je alle groenten eruit, hak ze fijn en voeg ze weer toe aan de bonen. Voeg een snufje zout toe.

TRUC

Om de stoofpot iets dikker te maken, meng je 1 eetlepel bonen met de groenten en kook je nog eens 5 minuten.

MADRID STOOFT

INGREDIËNTEN

300 gram kikkererwten

500 g kalfsbeenderen (knie)

500 g geschilde aardappelen

500 g morcillo

150 g worst

150 g spek (bacon)

¼ hambot

1 kleine kip

1 kleine kool

2 teentjes knoflook

Peper

Noedels

ONTWIKKELING

Week de kikkererwten 12 uur in warm water.

Doe de botten en het vlees in een pan met koud water. Bij de eerste kookbeurt goed afschuimen.

Als het water al kookt, doe je de kikkererwten in een zeef. Kook tot het zacht is. Verwijder en kook de bouillon tot het vlees zacht is. Haal ze eruit zoals ze zijn.

Kook kool en aardappelen apart, in reepjes gesneden voor cacheladas.

Daarna wordt kool gestoofd met teentjes knoflook en paprika. Serveer bouillon met noedels aan één kant; en aan de andere kant geportioneerd vlees, kool en aardappelen.

TRUC

Voeg de laatste minuten wat muntblaadjes toe aan de bouillon.

ESCUDELLA

INGREDIËNTEN

1 kg kikkererwten

250 g witte worst

250 g zwarte worst

75 g mager rundergehakt

75 g mager varkensgehakt

2 hambotten

2 runderkniebotjes

2 kippenbodems

2 varkensdravers

½ kip

4 middelgrote wortels

2 grote aardappelen

1 grote prei

1 stuk bleekselderij

1 teentje knoflook

½ kleine kool

1 eetlepel paneermeel

1 ei

Loyaliteit

Meel

Zout en peper

ONTWIKKELING

Laat de kikkererwten 12 uur in heet water weken.

Gekookt water. Voeg de schoongemaakte prei en kool, geschilde wortelen, aardappelen en selderij, kip, kippendijen, botten en varkenspootjes toe. Laat goed uitlekken en voeg de gesaldeerde kikkererwten toe. Kook gedurende 3 uur (als het te veel verdampt, voeg dan heet water toe).

Gehakt wordt gemengd met paneermeel, ei, fijngehakte knoflook, zout en peper. Maak gehaktballetjes van dit mengsel.

Giet de stoofbouillon af, bewaar ¼ l en bak de met bloem bestoven gehaktballetjes en worstjes in de rest gedurende 45 minuten.

Kook 4 handenvol noedels in de gereserveerde bouillon. Controleer en corrigeer het zoutpunt. Apart serveren.

TRUC

De originele pasta voor dit recept heet galettes.

FABADA

INGREDIËNTEN

500 g bonen

100 g ham

100 g spek

2 Asturische worstjes

2 Asturische bloedworsten

2 teentjes knoflook

1 ui

Zout

ONTWIKKELING

Week de bonen een dag van tevoren in koud water. De dag ervoor wordt het vlees geweekt in warm water.

Giet hetzelfde weekwater in een pan en voeg alle ingrediënten toe, inclusief de ui en knoflook.

Wanneer het breekt om te koken, verwijder dan het schuim. Roer 3 keer tijdens het koken.

Kook tot de bonen zacht zijn. Pas het zout aan.

TRUC

Als er bonen overblijven, kun je een crème van bonenstoofpot en bouillon maken. Voeg fijngehakt vlees toe, gebakken met knoflook erop.

HUMUS CAZY

INGREDIËNTEN

600 g gekookte kikkererwten

2 eetlepels sesamolie

1 eetlepel gemalen komijn

2 teentjes knoflook

sap van één citroen

Peper

15cl olijfolie

Zout en peper

ONTWIKKELING

Maal in een blenderglas de kikkererwten, komijn, knoflook zonder de centrale spruit, sesamolie en citroensap. Voeg olijfolie per draad toe.

Breng op smaak met zout en peper. Doe een snufje paprikapoeder op het bord en bovenop.

TRUC

Je kunt hetzelfde recept maken, maar dan met witte bonen. Het resultaat is heerlijk.

LINZEN MET KOPJES EN SLILS

INGREDIËNTEN

200 g linzen

1 kleine inktvis

16 mosselen

2 tomaten

1 wortel

1 ui

½ rode peper

½ groene paprika

1 eetlepel paprikapoeder

1 laurierblad

Zout

ONTWIKKELING

Kook de linzen onder water gaar samen met alle schone groenten, paprika, laurierblaadjes en een scheutje olie.

Haal na 30 minuten de groenten eruit en meng. Voeg weer toe aan de lenzen. Ga door met koken tot de groenten zacht zijn.

Bestrooi met zout en voeg de vooraf schoongemaakte mosselen en de in stukjes gesneden inktvis toe. Laat nog 2 minuten koken en serveer warm.

TRUC

Bij het schoonmaken worden de mosselen 2 uur lang in koud, rijk gezouten water ondergedompeld om alle onzuiverheden te verwijderen.

FABES MET SCHELPEN

INGREDIËNTEN

400 g bonen

500 g mosselen

½ glas witte wijn

2 teentjes knoflook

1 kleine groene paprika

1 kleine tomaat

1 ui

1 prei

gehakte verse peterselie

Olijfolie

ONTWIKKELING

Laat de bonen een dag van tevoren in koud water weken.

Doe bonen, paprika, ½ ui, schoongemaakte prei, 1 teentje knoflook en tomaat in de pot. Bedek met koud water en kook gedurende 3 uur of tot het stuk gaar is.

Bak apart de andere ½ ui en de resterende knoflook, in zeer kleine stukjes gesneden. Voeg de mosselen toe en was ze met wijn. Laat het een beetje naar beneden gaan.

Voeg de mosselen toe aan de bonen en kook nog 2 minuten. Bestrooi met peterselie.

TRUC

Begin 3 keer met koken om de bonen malser te maken.

CATALONISCHE BONEN

INGREDIËNTEN

300 g verse bonen

50 g witte worst

50 g zwarte worst

50 g pancetta

250 g kippenbouillon

½ glas witte wijn

1 eetlepel peterselie

4 teentjes knoflook

2 tomaten

1 lente-ui

Olijfolie

Zout

ONTWIKKELING

Kook de bonen in een grote pan met kokend gezouten water gedurende 12 minuten. Giet af, koel af en zet opzij.

Worsten worden in rondjes gesneden en spekreepjes.

Bak de worstjes in de hete olie en het spek in porties bruin, zorg ervoor dat ze niet uit elkaar vallen. Afhaalmaaltijd.

Fruit de ui en de knoflookteentjes in kleine blokjes in dezelfde olie op laag vuur. Voeg de geraspte tomaten toe en kook tot ze al hun water verliezen.

Voeg bonen toe en was met wijn. Laat tot het maximum inkoken en bevochtig met kippenbouillon. Voeg het vlees toe en kook nog 6 minuten tot de saus is ingekookt. Bestrooi met zout en bestrooi met gehakte peterselie.

TRUC

Peterselie kun je vervangen door 4 fijngehakte muntblaadjes.

BONEN MET RIJST

INGREDIËNTEN

400 g pintobonen

150 g rijst

4 teentjes knoflook

2 aardappelen

1 groene paprika

1 ui

1 wortel

1 laurierblad

Peper

Zout

ONTWIKKELING

Laat de bonen 12 uur in het water staan.

Bonen worden op laag vuur gekookt samen met knoflook, wortel, laurier, paprika, ui, aardappelen en een beetje paprika. Kook tot de bonen bijna gaar zijn.

Voeg de rijst toe, breng op smaak met zout en kook verder op middelhoog vuur tot de rijst gaar is.

TRUC

Verwijder alle groenten, hak ze fijn en voeg ze weer toe aan de bonen. Dit geeft meer smaak aan de stoofpot en maakt de bouillon dikker.

OXTAIL BONEN

INGREDIËNTEN

400 g bonen

1 ossenstaart

1 liter vleesbouillon

½ liter rode wijn

2 eetlepels tomatensaus

1 eetlepel paprikapoeder

2 stengels bleekselderij

1 takje tijm

1 takje rozemarijn

4 wortels

2 uien

1 middelgrote Italiaanse groene paprika

Olijfolie

Zout en peper

ONTWIKKELING

Laat de bonen 24 uur in het water staan.

Voeg de bonen toe aan de pot, samen met de wortels, selderij, ui, paprika en paprika. Giet er koud water over, kook en veeg af. Kook ongeveer 3 uur op laag vuur.

Bruin zout en peper apart. Verwijderen en reserveren.

Fruit de in kleine stukjes gesneden groenten in dezelfde olie. Naar zout. Tomaat toevoegen en wassen met wijn. Breng op hoog vuur aan de kook en laat tot de helft inkoken. Voeg de ossenstaart, bouillon en kruiden toe. Laat ongeveer 4 uur sudderen of tot het vlees heel gemakkelijk van het bot valt. Pas het zout aan.

Haal de bonen uit de bouillon en voeg ze toe aan de ossenstaartschotel. Laat het koken en serveer.

TRUC

Van het kookwater van de bonen kun je een heerlijke soep maken, of je kunt er rijst mee koken.

LENZEN MET OOR EN LACON

INGREDIËNTEN

300 g linzen

200 g puur varkensoor

200 gram ham

2 laurierblaadjes

2 worsten

2 uien

1 groene paprika

1 rode paprika

1 wortel

1 eetlepel paprikapoeder

1 tomaat

Zout

ONTWIKKELING

Doe de maïskolf in kokend water met 1 ui, 1 laurierblad en zout en kook gedurende 75 minuten.

Kook de linzen apart in koud water met de groenten, paprika, varkensschouder, chorizo en het overige laurierblad. Na 30 minuten het vlees eruit halen, in porties verdelen en bewaren. Verwijder ook de groenten, meng en voeg opnieuw toe aan de stoofpot. Ga door met koken tot de groenten zacht zijn.

Voeg de oor- en vleesporties er weer aan toe en laat nog 2 minuten koken. Voeg een snufje zout toe.

TRUC

Het is belangrijk dat de groenten er als laatste uitkomen. Anders zouden ze aan de grond lopen; wat betekent dat ze hard zouden zijn en hun huid zouden verliezen.

RIP JEANS

INGREDIËNTEN

350 g witte bonen

150 g uien

30 g pancetta

30 g spek

30 gram ham

30 g worst

1 groene paprika

1 teentje knoflook

1 tomaat

1 prei

Zout

ONTWIKKELING

Laat de bonen 12 uur in het water staan.

Doe alle ingrediënten in een pot en bedek met koud water. Kook gedurende 3 uur of tot de bonen gaar zijn.

Haal de groenten eruit, meng en voeg ze weer toe aan de bonen. Kook nog 5 minuten en voeg zout toe.

TRUC

Als de groenten klaar zijn, wordt er altijd op het einde zout toegevoegd. Dit voorkomt dat ze hun huid verliezen en verharden.

TRUC

Hoewel het een van de gedroogde peulvruchten is die de minste kooktijd nodig heeft, kun je hem wel 8 uur in koud water laten weken. Op deze manier worden ze van tevoren gekookt.

CORDOVAN SALMOREJO

INGREDIËNTEN

1 kg tomaten

200 gram brood

2 teentjes knoflook

Azijn

100 ml olijfolie

Zout

ONTWIKKELING

Meng alles goed behalve olie en azijn. Passeer door een chinois en voeg geleidelijk de olie toe terwijl je klopt. Breng op smaak met zout en azijn.

TRUC

Verwijder het centrale teentje knoflook om herhaling te voorkomen.

UIEN SOEP

INGREDIËNTEN

750 g uien

100 g boter

50 g geraspte kaas

1 ½ l kippenbouillon

1 sneetje toast per persoon

Zout

ONTWIKKELING

Fruit de gesneden uien langzaam in boter. Dek af en laat ongeveer 1 uur sudderen.

Als de uien zacht zijn, voeg je de bouillon toe en voeg je zout toe.

Giet de soep in aparte kommen, samen met geroosterd brood en kaas en rasp.

TRUC

Het succes van dit recept is de timing van de uienstoofpot. Je kunt 1 heel teentje knoflook, 1 takje tijm en een scheutje witte wijn of cognac toevoegen.

MINESTRON

INGREDIËNTEN

150 g tomaten

100 g gekookte witte bonen

100 g spek

100 g kool

50 g wortelen

50 g rapen

50 g sperziebonen

25 g kleine pasta

50 g erwten

3 teentjes knoflook

1 grote prei

1 dl olijfolie

Zout

ONTWIKKELING

Maak de groenten schoon en snijd ze in kleine stukjes. Voeg in een hete pan de olie en het spek in kleine stukjes toe en bak 3 minuten. Voeg de gehakte tomaten toe en bak tot ze hun water verliezen.

Giet de bouillon erbij, kook en voeg de gesneden groenten toe. Als ze zacht zijn, voeg je de bonen en pasta toe. Kook tot de pasta klaar is en voeg zout toe.

TRUC

In veel delen van Italië wordt deze heerlijke soep voor elke maaltijd overgoten met een flinke lepel pestosaus.

KREEFTENBISQUE

INGREDIËNTEN

1 kreeft ½ kg

250 g tomaten

200 g prei

150 g boter

100 g wortelen

100 g uien

75 g rijst

1 ½ l visbouillon

¼ l room

1 dl cognac

1 dl wijn

1 takje tijm

2 laurierblaadjes

Zout en peper

ONTWIKKELING

Snijd de kreeft in stukjes en bak hem met 50 g boter rood. Aansteken met cognac en bedekken met wijn. Dek af en kook gedurende 15 minuten.

Bewaar het kreeftenvlees. Maal hun karkassen samen met cognac, kookwijn en fumet. Blader door de Chinezen en boek.

Fruit de in kleine stukjes gesneden groenten (afhankelijk van de hardheid) met de rest van de boter. Voeg op het laatst de tomaten toe. Bevochtig met gereserveerde bouillon, voeg kruiden en rijst toe. Kook gedurende 45 minuten. Meng en passeer door een zeef. Voeg de room toe en kook nog 5 minuten.

Serveer de room met gehakte kreeft.

TRUC

Flamberen betekent het verbranden van een alcoholische drank zodat de alcohol verdwijnt maar niet de smaak. Het is belangrijk om dit te doen terwijl de afzuigventilator uitgeschakeld is.

GROENTENSTEW

INGREDIËNTEN

150 g Serranoham, in blokjes gesneden

150 g sperziebonen

150 g bloemkool

150 g erwten

150 g tuinbonen

2 eetlepels bloem

3 artisjokken

2 hardgekookte eieren

2 wortels

1 ui

1 teentje knoflook

1 citroen

Olijfolie

Zout

ONTWIKKELING

Maak de artisjokken schoon door de buitenste bladeren en uiteinden weg te gooien. Kook van kokend water tot ze zacht zijn met 1 eetlepel bloem en citroensap. Opfrissen en boeken.

Schil de wortels en snijd ze in middelgrote stukken. Verwijder de draadjes en uiteinden van de bonen en snijd ze in 3 delen. Verwijder de bloemen van de bloemkool. Kook water en kook elke groente afzonderlijk tot ze zacht zijn. Opfrissen en boeken.

Verdeel de groentekookbouillon (behalve artisjokkenbouillon) doormidden.

Snijd de ui en knoflook fijn. Bak gedurende 10 minuten met in blokjes gesneden Serranoham. Voeg nog een eetlepel bloem toe en bak nog 2 minuten. Voeg 150 ml groentebouillon toe. Verwijder en kook gedurende 5 minuten. Voeg groenten en in vieren gesneden hardgekookte eieren toe. Kook gedurende 2 minuten en verwijder het zout.

TRUC

Groenten moeten apart worden gekookt, omdat ze niet dezelfde kooktijd hebben.

HUISHOUDEN KAARTEN

INGREDIËNTEN

1 ¼ kg snijbiet

750 g aardappelen

3 teentjes knoflook

2 dl olijfolie

Zout

ONTWIKKELING

Was de snijbiet en snijd de bladeren in grote stukken. Schil de bladeren en snijd ze in repen. Kook de bladeren en stengels in kokend gezouten water gedurende 5 minuten. Verfrissen, uitlekken en reserveren.

Kook geschilde aardappelen en cachelada-aardappelen gedurende 20 minuten in hetzelfde water. Giet af en reserveer.

Gepelde en gefileerde knoflook wordt in olie bruin gebakken. Voeg prei, bladeren en aardappelen toe en bak 2 minuten. Pas het zout aan.

TRUC

Met centen kun je ze vullen met ham en kaas. Vervolgens worden ze gehavend en gebakken.

CAKE VAN COURGETTE EN ZALM

INGREDIËNTEN

400 g courgette

200 g verse zalm (zonder bot)

750 ml room

6 eieren

1 ui

Olijfolie

Zout en peper

ONTWIKKELING

Snijd de ui fijn en bak deze in een beetje olie. Snijd de courgette in kleine blokjes en voeg toe aan de ui. Kook op middelhoog vuur gedurende 10 minuten.

Meng en voeg ½ l room en 4 eieren toe tot een fijn deeg ontstaat.

Plaats het in aparte vormen die vooraf zijn ingevet en bestrooid met bloem en bak op 170 °C in een waterbad gedurende ongeveer 10 minuten.

Bak ondertussen de in blokjes gesneden zalm in een beetje olie. Proef en meng samen met de rest van de room en 2 eieren. Leg de courgette op de taart. Bak nog eens 20 minuten of tot het goed is uitgehard.

TRUC

Serveer warm met voorgesneden mayonaise en enkele takjes geroosterde saffraan.

ARTISJOK MET PADDESTOELEN EN PARMEZAAN

INGREDIËNTEN

1 ½ kg artisjokken

200 g champignons

50 g Parmezaanse kaas

1 glas witte wijn

3 grote tomaten

1 lente-ui

1 citroen

Olijfolie

Zout en peper

ONTWIKKELING

Schil de artisjokken, verwijder de steel, de harde buitenste bladeren en het uiteinde. Snijd in vier delen en wrijf met citroen zodat ze niet oxideren. Reserveren.

Fruit de in kleine stukjes gesneden ui langzaam. Verhoog het vuur en voeg de schoongemaakte en in plakjes gesneden champignons toe. Kook gedurende 3 minuten. Giet de wijn erbij en voeg de geraspte tomaten en artisjokken toe. Dek af en kook gedurende 10 minuten of tot de artisjokken gaar zijn en de saus is ingedikt.

Bord, saus en bestrooi met Parmezaanse kaas.

TRUC

Een andere manier om te voorkomen dat artisjokken gaan oxideren, is door ze in koud water te laten weken met veel verse peterselie.

Ingelegde Aubergines

INGREDIËNTEN

2 grote aubergines

3 eetlepels citroensap

3 eetlepels gehakte verse peterselie

2 eetlepels gehakte knoflook

1 eetlepel gemalen komijn

1 eetlepel kaneel

1 eetlepel hete paprikapoeder

Olijfolie

Zout

ONTWIKKELING

Snij de aubergines in de lengte in plakjes. Bestrooi met zout en laat 30 minuten op keukenpapier staan. Spoel met veel water en reserveer.

Plakjes aubergine worden met olie en zout gegoten en 25 minuten gebakken op 175°C.

Combineer de overige ingrediënten in een kom. Voeg de aubergine toe aan het mengsel en roer. Dek af en zet 2 uur in de koelkast.

TRUC

Om aubergines hun bitterheid te laten verliezen, kunnen ze ook 20 minuten in melk met een beetje zout worden geweekt.

LANGE BONEN MET SERRANOHAM

INGREDIËNTEN

1 pot babybonen in olie

2 teentjes knoflook

4 plakjes serranoham

1 lente-ui

2 eieren

Zout en peper

ONTWIKKELING

Giet de olie uit de bonen in de pan. Fruit de ui in kleine stukjes, de gelamineerde knoflook en de ham in dunne reepjes. Verhoog het vuur, voeg de bonen toe en bak 3 minuten.

Klop de eieren apart en voeg zout toe. Giet de eieren over de bonen en laat, onder voortdurend roeren, een beetje stremmen.

TRUC

Aan de losgeklopte eieren wordt een beetje room of melk toegevoegd om ze gladder te maken.

TRINXAT

INGREDIËNTEN

1 kg kool

1 kg aardappelen

100 g spek

5 teentjes knoflook

Olijfolie

Zout

ONTWIKKELING

Kool wordt gewassen, gewassen en in dunne plakjes gesneden. Schil de aardappelen en snijd ze in vieren. Kook alles samen gedurende 25 minuten. Verwijder en pureer heet met een vork tot een gladde massa.

Bak gehakte knoflook en spek in reepjes gesneden in een pan. Voeg toe aan het vorige aardappelbeslag en bak 3 minuten aan elke kant alsof het een aardappelomelet is.

TRUC

Kool moet na het koken goed worden uitgelekt, anders wordt de trinksat niet goed bruin.

HEERLIJKE BROCCOLI MET BACON EN AURORA SAUS

INGREDIËNTEN

150 g spekreepjes

1 grote broccoli

Aurorasaus (zie Bouillon en Sauzen)

Olijfolie

Zout en peper

ONTWIKKELING

Bak de spekreepjes goed in een pan en zet opzij.

Breek de broccoli in bosjes en kook ze in een grote pan met gezouten water gedurende 10 minuten of tot ze gaar zijn. Giet af en plaats op een bakplaat.

Leg het spek op de broccoli, daarna de aurorasaus en gratineer op maximale temperatuur goudbruin.

TRUC

Om de geur van broccoli te verminderen, kun je een flinke scheut azijn aan het kookwater toevoegen.

DISTEEL MET GARNALEN EN VESCHERMERS IN GROENE SAUS

INGREDIËNTEN

500 g gekookt karton

2 dl witte wijn

2 dl visbouillon

2 eetlepels gehakte verse peterselie

1 eetlepel bloem

20 mosselen

4 teentjes knoflook

1 ui

Olijfolie

Zout

ONTWIKKELING

Snij de ui en knoflook in kleine stukjes. Laat 15 minuten langzaam sudderen met 2 eetlepels olie.

Voeg de bloem toe en kook 2 minuten, onder voortdurend roeren. Verhoog het vuur, giet de wijn erbij en laat volledig inkoken.

Bevochtig met rook en laat 10 minuten sudderen, onder voortdurend roeren. Voeg de peterselie toe en breng op smaak met zout.

Voeg de vooraf gereinigde mosselen en dozen toe. Dek af en kook gedurende 1 minuut tot de mosselen opengaan.

TRUC

Kook de peterselie niet te gaar, zodat deze niet kleur verliest en bruin wordt.

GEKARAMELISEERDE UI

INGREDIËNTEN

2 grote uien

2 eetlepels suiker

1 theelepel Modena- of sherryazijn

ONTWIKKELING

Fruit de uien langzaam met deksel erop tot ze transparant worden

Ontdek en kook tot ze bruin worden. Voeg suiker toe en kook nog eens 15 minuten. Wassen met azijn en nog eens 5 minuten koken.

TRUC

Om een omelet te maken met deze hoeveelheid gekarameliseerde uien, gebruik je 800 g aardappelen en 6 eieren.

GEVULDE PADDESTOELEN MET SERRANOHAM EN PESTOSAUS

INGREDIËNTEN

500 g verse champignons

150 g Serranoham

1 fijngesneden lente-ui

Pestosaus (zie Bouillon en sauzen)

ONTWIKKELING

Snijd de ui en de ham fijn. Bak ze langzaam gedurende 10 minuten. Laat ze afkoelen.

Maak de steel van de paddenstoel schoon en verwijder deze. Bak ze ondersteboven in de pan gedurende 5 minuten.

Vul de champignons met ham en lente-ui, voeg een beetje pestosaus toe en bak ongeveer 5 minuten op 200°C.

TRUC

Het is niet nodig om zout toe te voegen, de ham en de pestosaus zijn licht zout.

Bloemkool MET AJOARRIERO

INGREDIËNTEN

1 grote bloemkool

1 eetlepel zoete paprika

1 eetlepel azijn

2 teentjes knoflook

8 eetlepels olijfolie

Zout

ONTWIKKELING

Verdeel de bloemkool in bosjes en kook in een grote pan met gezouten water gedurende 10 minuten of tot ze gaar zijn.

Fileer de knoflook en bak deze bruin in olie. Haal de pan van het vuur en voeg de paprika toe. Kook gedurende 5 seconden en voeg de azijn toe. Breng op smaak met zout en saus met sofrito.

TRUC

Voeg 1 kopje melk toe aan het water, zodat de bloemkool minder gaat ruiken tijdens het koken.

GERASPTE BLOEMKOOL

INGREDIËNTEN

100 g geraspte Parmezaanse kaas

1 grote bloemkool

2 eierdooiers

Bechamelsaus (zie Bouillon en sauzen)

ONTWIKKELING

Verdeel de bloemkool in bosjes en kook in een grote pan met gezouten water gedurende 10 minuten of tot ze gaar zijn.

Voeg toe aan de bechamelsaus (wanneer je het van het vuur haalt) terwijl je de dooiers en kaas klopt.

Doe de bloemkool in een ovenschaal en giet de bechamelsaus erover. Grill op maximale temperatuur tot het oppervlak goudbruin is.

TRUC

Wanneer geraspte kaas en eidooiers aan bechamel worden toegevoegd, wordt het een nieuwe saus genaamd Mornay.

DUXEL

INGREDIËNTEN

500 g champignons

100 g boter

100 g lente-uitjes (of uien)

Zout en peper

ONTWIKKELING

Maak de champignons schoon en snijd ze in de kleinst mogelijke stukjes.

Fruit de uien in zeer kleine stukjes gesneden in boter en voeg de champignons toe. Bak tot de vloeistof volledig verdwenen is. Het seizoen.

TRUC

Het kan een perfect bijgerecht, vulling of zelfs een voorgerecht zijn. Champignonduxelle met gekookte eieren, kipfilet gevuld met duxelle, enz.

ANDIJVIE MET GEROOKTE ZALM EN KABRALES

INGREDIËNTEN

200 g room

150 gram gerookte zalm

100 g Cabrales-kaas

50 g gepelde walnoten

6 andijvieknoppen

Zout en peper

ONTWIKKELING

Verwijder de andijvie, was ze goed met koud water en laat ze 15 minuten in ijswater weken.

Meng de kaas, zalmreepjes, walnoten, room, zout en peper in een kom en vul de andijvie met deze saus.

TRUC

Andijvie afspoelen onder koud water en onderdompelen in ijswater helpt de bitterheid weg te nemen.

LOMBARD SEGOVY

INGREDIËNTEN

40 g pijnboompitten

40 g rozijnen

1 eetlepel paprikapoeder

3 teentjes knoflook

1 rode kool

1 piekappel

Olijfolie

Zout

ONTWIKKELING

Verwijder de centrale stengel en de buitenste bladeren van de rode kool en snijd ze in juliennereepjes. Verwijder het klokhuis van de appel zonder de schil te verwijderen en snijd hem in vieren. Kook rode kool, rozijnen en appel gedurende 90 minuten. Giet af en reserveer.

Snijd de knoflook in plakjes en bak deze in een pan. Voeg de pijnboompitten toe en rooster ze. Voeg paprika toe en voeg rode kool met rozijnen en appel toe. Sauteer gedurende 5 minuten.

TRUC

Om te voorkomen dat rode kool kleur verliest, begin je met koken met kokend water en voeg je een scheutje azijn toe.

GEROOSTERDE PEPER SALADE

INGREDIËNTEN

3 tomaten

2 aubergines

2 uien

1 rode paprika

1 kop knoflook

Azijn (optioneel)

Ongeraffineerde olijfolie

Zout

ONTWIKKELING

Verwarm de oven tot 170ºC.

Was de aubergines, paprika's en tomaten, pel de uien. Leg alle groenten op een braadslede en besprenkel ze met een ruime hoeveelheid olie. Bak gedurende 1 uur, af en toe draaien voor een gelijkmatige baktijd. Bekijk hoe ze worden gemaakt.

Laat de peper afkoelen, verwijder het vel en de zaden. Julienne pepers, uien en aubergines ook zonder pitjes. Verwijder de teentjes knoflook uit de geroosterde kop door zachtjes te drukken.

Meng alle groenten in een kom, voeg een snufje zout en bakolie toe. Je kunt ook een paar druppels azijn toevoegen.

TRUC

Het is handig om een paar sneden in de aubergine en tomaat te maken, zodat ze tijdens het bakken niet splijten en dus gemakkelijker pellen.

FRANSE ERWTEN

INGREDIËNTEN

850 g schone erwten

250 g uien

90 g serranoham

90 g boter

1 liter vleesbouillon

1 eetlepel bloem

1 schone salade

Zout

ONTWIKKELING

Fruit de uien in kleine stukjes en de ham in blokjes in boter. Voeg de bloem toe en bak 3 minuten.

Voeg de bouillon toe en kook nog eens 15 minuten, af en toe roerend. Voeg de erwten toe en kook gedurende 10 minuten op middelhoog vuur.

Voeg de fijne salade julienne toe en kook nog 5 minuten. Voeg een snufje zout toe.

TRUC

Kook de erwten onafgedekt om te voorkomen dat ze grijs worden. Door tijdens het koken een snufje suiker toe te voegen, komt de smaak van de erwten ten goede.

ROOM SPINAZIE

INGREDIËNTEN

3/4 pond verse spinazie

45 g boter

45 g bloem

½ liter melk

3 teentjes knoflook

Nootmuskaat

Olijfolie

Zout en peper

ONTWIKKELING

Maak een bechamelsaus van de gesmolten boter en de bloem. Laat 5 minuten langzaam sudderen en voeg de melk toe, onder voortdurend roeren. Kook gedurende 15 minuten en breng op smaak met zout, peper en nootmuskaat.

Kook de spinazie in een grote pan met gezouten water. Giet af, koel af en knijp goed uit om volledig te drogen.

Snijd de knoflook fijn en bak deze 1 minuut in de olie. Voeg de spinazie toe en bak op middelhoog vuur gedurende 5 minuten.

Meng de spinazie met de bechamelsaus en laat nog 5 minuten koken, onder voortdurend roeren.

TRUC

Begeleiden met enkele geroosterde driehoekjes gesneden brood.

BONEN MET WITTE BUTIFARRA

INGREDIËNTEN

1 pot babybonen in olie

2 teentjes knoflook

1 witte worst

1 lente-ui

Olijfolie

Zout

ONTWIKKELING

Giet de olie uit de bonen in de pan. Fruit de uien en knoflook in kleine stukjes in deze olie en voeg de in blokjes gesneden worst toe.

Kook gedurende 3 minuten tot ze lichtbruin zijn. Verhoog het vuur, voeg de bonen toe en laat nog 3 minuten koken. Voeg een snufje zout toe.

TRUC

Het kan ook gemaakt worden van malse bonen. Om dit te doen, kookt u het in koud water gedurende 15 minuten of tot het zacht is. Verfris met water en ijs en schil. Bereid het recept vervolgens op dezelfde manier voor.

SLABONEN MET HAM

INGREDIËNTEN

600 g sperziebonen

150 g Serranoham

1 theelepel paprikapoeder

5 tomaten

3 teentjes knoflook

1 ui

Olijfolie

Zout

ONTWIKKELING

Verwijder de zijkanten en uiteinden van de bonen en snijd ze in grote stukken. Kook in kokend water gedurende 12 minuten. Giet af, koel af en zet opzij.

Snij de ui en knoflook in kleine stukjes. Kook langzaam gedurende 10 minuten en voeg de Serranoham toe. Bak nog eens 5 minuten. Voeg paprika en geraspte tomaten toe en bak tot ze al hun water verloren hebben.

Voeg de sperziebonen toe aan de saus en kook nog 3 minuten. Voeg een snufje zout toe.

TRUC

Serranoham kan vervangen worden door chorizo.

LAMSSTOOFPOT

INGREDIËNTEN

450 g lamsvlees

200 g sperziebonen

150 g gepelde bonen

150 g erwten

2 liter vleesbouillon

2 dl rode wijn

4 artisjokharten

3 teentjes knoflook

2 grote tomaten

2 grote aardappelen

1 groene paprika

1 rode paprika

1 ui

Olijfolie

Zout en peper

ONTWIKKELING

Het lamsvlees in stukjes snijden, kruiden en op hoog vuur bruin laten worden. Verwijderen en reserveren.

Fruit in dezelfde olie langzaam de knoflook en de in kleine stukjes gesneden uien gedurende 10 minuten. Voeg de geraspte tomaten toe en kook tot het water volledig verdampt is. Bevochtig met wijn en laat inkoken. Giet de bouillon erbij, voeg het lamsvlees toe en kook gedurende 50 minuten of tot het vlees gaar is. Het seizoen.

Stoof apart, in een andere pot, de in blokjes gesneden paprika, erwten, in vieren gesneden artisjokken, 8-delige bonen zonder hoepels en tuinbonen. Giet de lamsbouillon erbij en laat 5 minuten langzaam koken. Voeg geschilde en in blokjes gesneden aardappelen toe. Kook tot het zacht is. Voeg het lamsvlees en een deel van de kookbouillon toe.

TRUC

Kook de erwten zonder deksel, zodat hun kleur niet grijs wordt.

AUBERGINEMOND MET GEITENKAAS, HONING EN CURRY

INGREDIËNTEN

200 gram geitenkaas

1 aubergine

Beste

Kerrie

Meel

Olijfolie

Zout

ONTWIKKELING

Snijd de aubergine in dunne plakjes, leg ze op absorberend papier en zout aan beide kanten. Laat het 20 minuten rusten. Verwijder overtollig zout, bloem en bak.

Snijd de kaas in dunne plakjes. Monteer de lagen aubergine en kaas. Bak gedurende 5 minuten op 160°C.

Spreid uit en voeg aan elk plakje aubergine 1 theelepel honing en een snufje curry toe.

TRUC

Door de aubergines te snijden en met zout te laten zitten, wordt alle bitterheid weggenomen.

WITTE ASPERGES EN GEROOKTE ZALMCAKE

INGREDIËNTEN

400 g asperges uit blik

200 gram gerookte zalm

½ l room

4 eieren

Meel

Olijfolie

Zout en peper

ONTWIKKELING

Meng alle ingrediënten tot je een fijn deeg krijgt. Zeef om aspergestrengen te vermijden.

Giet in aparte vormen die eerder zijn ingevet en bestrooid met bloem. Bak gedurende 20 minuten op 170°C. Het kan warm of koud worden ingenomen.

TRUC

Een geweldige toevoeging is mayonaise gemaakt van gehakte verse basilicumblaadjes.

PIQUILLO-PEPERS GEVULD MET MORCILLA MET ZOETE MOSTERDSAUS

INGREDIËNTEN

125 ml room

8 eetlepels mosterd

2 eetlepels suiker

12 piquillo-pepers

2 bloedworsten

Versnellingen

Meel en eieren (voor coating)

Olijfolie

ONTWIKKELING

Verpletter de bloedworst en bruin samen met een handvol pijnboompitten in een hete pan. Laat afkoelen en vul de paprika's. Meng de bloem en het ei erdoor en bak in een grote hoeveelheid olie.

Kook de room met mosterd en suiker tot het dik is. Serveer de paprika's met hete saus.

TRUC

De peper moet geleidelijk en met zeer hete olie worden gebakken.

DISTEEL MET AMANDELSAUS

INGREDIËNTEN

900 g gekookte kardoen

75 g gegranuleerde amandelen

50 g bloem

50 g boter

1 liter kippenbouillon

1 dl witte wijn

1 dl room

1 eetlepel gehakte verse peterselie

2 teentjes knoflook

2 eierdooiers

1 ui

Olijfolie

Zout en peper

ONTWIKKELING

Bak de amandelen en de bloem langzaam in de boter gedurende 3 minuten. Terwijl je blijft kloppen, giet je de kippenbouillon erbij en kook je nog eens 20 minuten. Voeg de zoete room toe en klop de dooiers van het vuur. Het seizoen.

Bak apart de ui en knoflook, in kleine blokjes gesneden in olie. Voeg distels toe, zet het vuur hoger en blus met wijn. Laat het volledig inkoken.

Voeg de bouillondistel toe en serveer met peterselie erbovenop.

TRUC

Laat de saus na het toevoegen van de dooiers niet oververhitten, zodat deze niet gaat schiften en de saus klonterig blijft.

PISTO

INGREDIËNTEN

4 rijpe tomaten

2 groene paprika's

2 courgettes

2 uien

1 rode paprika

2-3 teentjes knoflook

1 theelepel suiker

Olijfolie

Zout

ONTWIKKELING

Blancheer de tomaten, verwijder de schil en snijd ze in blokjes. Schil ook de uien en courgettes en snijd ze in blokjes. De peper wordt ontdaan van de zaden en het vlees wordt in blokjes gesneden.

Fruit de knoflook en uien in een beetje olie gedurende 2 minuten. Voeg de paprika toe en laat nog 5 minuten koken. Voeg de courgettes toe en bak nog een paar minuten. Voeg ten slotte de tomaten toe en kook totdat ze al hun water verliezen. Maal suiker en zout en breng aan de kook.

TRUC

Je kunt gehakte tomaten uit blik of een goede tomatensaus gebruiken.

PAURA MET GROENTENVINAIGRETTE

INGREDIËNTEN

8 preien

2 teentjes knoflook

1 groene paprika

1 rode paprika

1 lente-ui

1 komkommer

12 eetlepels olie

4 eetlepels azijn

Zout en peper

ONTWIKKELING

Snijd de paprika, ui, knoflook en komkommer fijn. Meng met olie, azijn, zout en peper. Verwijderen.

Prei wordt schoongemaakt en gedurende 15 minuten in kokend water gekookt. Haal ze eruit, dep ze droog en snij ze elk in 3 stukken. Bord en dressing met vinaigrette.

TRUC

Bereid de tomaat, lente-ui, kappertjes en zwarte olijvenvinaigrette. Rasp prei met mozzarella en saus. Verrukkelijk.

PREI, BACON EN KAAS QUICHE

INGREDIËNTEN

200 g Manchego-kaas

1 liter room

8 eieren

6 grote preien schoongemaakt

1 pakje gerookt spek

1 pakje diepvriesbladerdeeg

Meel

Olijfolie

Zout en peper

ONTWIKKELING

Vet de vorm in met bloem en bestrijk deze met bladerdeeg. Leg er aluminiumfolie en groenten op zodat het niet gaat rijzen en bak gedurende 15 minuten op 185 °C.

Bak ondertussen de fijngesneden prei langzaam. Voeg ook fijngesneden spek toe.

Geklopte eieren worden gecombineerd met room, prei, spek en geraspte kaas. Breng op smaak met peper en zout, giet dit mengsel over het bladerdeeg en bak het op 165°C gedurende 45 minuten of tot het stevig is.

TRUC

Om te controleren of de quiche gaar is, prikt u met een naald in het midden. Als deze er droog uitkomt, is dit een teken dat de cake klaar is.

TOMATEN A LA PROVENCAL

INGREDIËNTEN

100 g paneermeel

4 tomaten

2 teentjes knoflook

Peterselie

Olijfolie

Zout en peper

ONTWIKKELING

Pel de knoflook, snijd hem in kleine stukjes en meng hem met paneermeel. Snij de tomaten doormidden en verwijder de zaadjes.

Verhit de olie in een pan en voeg de tomaten toe, met de snijzijde naar beneden. Wanneer de huid aan de randen begint te stijgen, draait u hem om. Kook nog 3 minuten en plaats ze in een ovenschaal.

Bak het broodmengsel en de knoflook in dezelfde pan bruin. Eenmaal geroosterd, strooi deze over de tomaten. Verwarm de oven voor op 180°C en bak gedurende 10 minuten, zorg ervoor dat ze niet uitdrogen.

TRUC

Het wordt meestal gegeten als bijgerecht, maar ook als hoofdgerecht met licht gebakken mozzarella.

GEVULDE UIEN

INGREDIËNTEN

125 g rundergehakt

125 g spek

2 eetlepels tomatensaus

2 eetlepels paneermeel

4 grote uien

1 ei

Olijfolie

Zout en peper

ONTWIKKELING

Bak de spekblokjes en het gehakt met zout en peper tot het zijn roze kleur verliest. Voeg de tomaat toe en kook nog 1 minuut.

Vlees wordt gemengd met ei en paneermeel.

Verwijder de eerste laag uien en hun basis. Kook afgedekt met water gedurende 15 minuten. Giet af, verwijder het midden en vul met vlees. Bak gedurende 15 minuten op 175°C.

TRUC

Je kunt een Mornay-saus maken door de helft van de melk te vervangen door het water dat vrijkomt bij het koken van de uien. Giet de saus erover en gratineer.

PADDESTOELEN IN ROOM MET OKERNOTEN

INGREDIËNTEN

1 kg gemengde champignons

250 ml room

125 ml cognac

2 teentjes knoflook

Walnoten

Olijfolie

Zout en peper

ONTWIKKELING

Bak de knoflookfilets in een pan. Zet het vuur hoger en voeg de schoongemaakte en in plakjes gesneden champignons toe. Sauteer gedurende 3 minuten.

Bevochtig met cognac en laat inkoken. Giet de room erbij en laat nog 5 minuten langzaam koken. Verpletter een handvol walnoten in een vijzel en wrijf erover.

TRUC

Gekweekte paddenstoelen en zelfs gedroogde paddenstoelen zijn een goede oplossing.

TOMATEN- EN BASILICUMCAKE

INGREDIËNTEN

½ l room

8 eetlepels tomatensaus (zie Bouillon en Sauzen)

4 eieren

8 verse basilicumblaadjes

Meel

Olijfolie

Zout en peper

ONTWIKKELING

Meng alle ingrediënten tot een homogene pasta ontstaat.

Verwarm de oven tot 170°C. Verdeel in afzonderlijke vormen die eerder met bloem zijn bestrooid en ingevet en bak gedurende 20 minuten.

TRUC

Het is een geweldige manier om overgebleven tomatensaus uit een ander recept te gebruiken.

AARDAPPELSTEW MET CATASCURRY

INGREDIËNTEN

1 kg aardappelen

½ liter kippenbouillon

2 kipfilets

1 eetlepel kerrie

2 teentjes knoflook

2 tomaten

1 ui

1 laurierblad

Olijfolie

Zout en peper

ONTWIKKELING

Snijd de borst in middelgrote blokjes. Kruid en bak in hete olie. Verwijderen en reserveren.

Fruit de uien en knoflook, in kleine blokjes gesneden, in dezelfde olie op laag vuur gedurende 10 minuten. Voeg de curry toe en bak nog een minuut. Voeg de geraspte tomaten toe, zet het vuur hoger en kook tot de tomaat al zijn water verliest.

Schil en schil de aardappelen. Voeg ze toe aan de saus en kook gedurende 3 minuten. Wassen met bouillon en laurier. Laat sudderen tot de aardappel gaar is en breng op smaak met peper en zout.

TRUC

Schep er wat bouillon en een paar aardappelen uit en pureer ze met een vork tot een puree. Doe het terug in de stoofpot en kook gedurende 1 minuut, onder voortdurend roeren. Hierdoor wordt de bouillon dikker zonder dat je bloem hoeft toe te voegen.

ZOETE EIEREN

INGREDIËNTEN
8 eieren

Geroosterd brood

Zout en peper

ONTWIKKELING
Giet de eieren in een pan bedekt met koud water en zout. Kook tot het water een beetje kookt. Laat 3 minuten in brand staan.

Verwijder het ei en koel af in ijswater. Breek voorzichtig de bovenste schaal af als een hoed. Breng op smaak met peper en zout en voeg de geroosterde broodstengels toe.

TRUC
Het is belangrijk dat het ei in de eerste minuut beweegt zodat de dooier in het midden zit.

AARDAPPELEN ZIJN BELANGRIJK

INGREDIËNTEN

1 kg aardappelen

¾ l visbouillon

1 klein glas witte wijn

1 eetlepel bloem

2 teentjes knoflook

1 ui

Meel en eieren (voor coating)

Peterselie

Olijfolie

ONTWIKKELING

Schil de aardappelen en snijd ze in niet te dikke plakjes. Meel en ga door het ei. Bak en reserveer.

Snijd de ui en knoflook in kleine stukjes. Voeg een eetlepel bloem toe en bak deze, bedek met wijn. Laat het inkoken tot het bijna droog en nat is van de rook. Kook gedurende 15 minuten op laag vuur. Bestrooi met zout en voeg peterselie toe.

Voeg de aardappelen toe aan de saus en kook tot ze zacht zijn.

TRUC

Er kunnen eventueel enkele stukjes zeeduivel of heek en garnalen worden toegevoegd.

MULCH EIEREN MET BOLETAS

INGREDIËNTEN

8 eieren

150 g gedehydrateerde boletus

50 g boter

50 g bloem

1 dl zoete wijn

2 teentjes knoflook

Nootmuskaat

Azijn

Olie

Zout en peper

ONTWIKKELING

Week de boletus ongeveer 1 uur in 1 liter heet water. Kook ondertussen de eieren in kokend water met zout en azijn gedurende 5 minuten. Onmiddellijk verwijderen en opfrissen in ijskoud water. Schil voorzichtig.

Zeef de boletus en bewaar het water. Snijd de knoflook in plakjes en bak lichtjes in olie. Voeg de boletus toe en kook 2 minuten op hoog vuur. Breng op smaak met peper en zout en blus af met zoete wijn tot de saus is ingedikt en droog is.

Smelt boter met bloem in een pan. Laat 5 minuten op laag vuur sudderen, onder voortdurend roeren. Giet water uit boletushydratatie. Kook gedurende 15 minuten op laag vuur, onder voortdurend roeren. Proef en voeg nootmuskaat toe.

Leg de boletus op de bodem van het bord en versier met de eieren en de saus er bovenop.

TRUC

Een Mollet-ei moet een verstoorde witte en vloeibare dooier achterlaten.

AARDAPPELHANDEN EN WIT

INGREDIËNTEN

1 kg aardappelen

600 g wijting zonder bot, zonder vel

4 eetlepels tomatensaus

1 grote ui

2 teentjes knoflook

1 laurierblad

Brandewijn

Olijfolie

Zout en peper

ONTWIKKELING

Schil de aardappelen, snijd ze in vieren en kook ze in gezouten water gedurende 30 minuten. Giet ze af en haal ze door een voedselmolen. Verdeel de puree over vershoudfolie en zet opzij.

Snijd de ui en knoflook fijn. Bak op middelhoog vuur gedurende 5 minuten en voeg het laurierblad en de gehakte en gekruide wijting toe. Kook nog 5 minuten onder voortdurend roeren, bevochtig met een scheutje cognac en laat inkoken. Voeg de tomatensaus toe en kook nog een minuut. Laat afkoelen.

Verdeel de wijting over de aardappelbasis, wikkel de zigeuner in de vorm van een rol en bewaar in de koelkast tot het serveren.

TRUC

Het kan worden gemaakt met elke verse of bevroren vis. Begeleid met roze saus of met aioli.

KOCIDO GEBRUIK OMELETTE (OUDE DRESSING)

INGREDIËNTEN

125 gram stengel

100 g kip of kip

60 g kool

60 g spek

1 theelepel paprikapoeder

3 teentjes knoflook

1 bloedworst

1 worst

1 ui

2 eetlepels olijfolie

Zout

ONTWIKKELING

Snij de ui en knoflook in kleine stukjes. Bak op laag vuur gedurende 10 min. Snij het gekookte vlees en de kool fijn en voeg toe aan de uien. Kook op middelhoog vuur tot het vlees goudbruin en geroosterd is.

Klop de eieren los en voeg ze toe aan het vlees. Pas het zout aan.

Verhit de pan goed, voeg olie toe en krul de tortilla aan beide kanten.

TRUC

Begeleid door een goede komijn-tomatensaus.

AARDAPPELEN GEVULD MET GEROOKTE ZALM, BACON EN AUBERGINA

INGREDIËNTEN

4 middelgrote aardappelen

250 g spek

150 g Parmezaanse kaas

200 gram gerookte zalm

½ l room

1 aubergine

Olijfolie

Zout en peper

ONTWIKKELING

Was de aardappelen grondig en kook ze met de schil op middelhoog vuur gedurende 25 minuten of tot ze zacht zijn. Giet af, snijd doormidden en laat uitlekken, maar laat een lichte korst achter. Bewaar alle aardappelen en laat ze uitlekken.

Bak het spek in dunne reepjes bruin in een hete pan. Verwijderen en reserveren. Bak de in blokjes gesneden aubergine in dezelfde olie gedurende 15 minuten of tot ze zacht zijn.

Doe de uitgelekte aardappelen, de gestoofde aubergine, het spek, de in reepjes gesneden zalm, de Parmezaanse kaas en de room in de pan. Kook 5 minuten op middelhoog vuur en voeg zout en peper toe.

Vul de aardappelen met het voorgaande mengsel en gratineer op 180 °C tot ze goudbruin zijn.

TRUC

Je kunt enkele aubergines koken met dezelfde vulling.

AARDAPPEL- EN KAASKROKETTEN

INGREDIËNTEN

500 g aardappelen

150 g geraspte Parmezaanse kaas

50 g boter

Meel, eieren en paneermeel (voor coating)

2 eierdooiers

Nootmuskaat

Zout en peper

ONTWIKKELING

Schil de aardappelen, snijd ze in vieren en kook ze op middelhoog vuur met water en zout gedurende 30 minuten. Giet af en passeer door een voedselmolen. Voeg hete boter, eierdooiers, zout, peper, nootmuskaat en Parmezaanse kaas toe. Laat afkoelen.

Vorm balletjes als kroketten en haal ze door bloem, losgeklopt ei en paneermeel. Bak in rijke olie tot ze goudbruin zijn.

TRUC

Leg vóór het opdienen 1 theelepel tomatensaus en een stuk vers gekookte worst in het midden van de kroketten. Ze zijn verrukkelijk.

GOEDE FRANSE BORSTELS

INGREDIËNTEN

1 kg late of halflate aardappelen (zure of Monalisa-variëteit)

1 liter olijfolie

Zout

ONTWIKKELING

Schil de aardappelen en snijd ze in gewone plakken. Was ze in veel koud water totdat ze volledig transparant worden. droog goed

Verhit olie in een pan op middelhoog vuur, ongeveer 150°C. Wanneer het lichtjes maar constant begint te borrelen, voeg je de aardappelen toe en kook tot ze heel zacht zijn, maar zorg ervoor dat je ze niet breekt.

Verhoog het vuur tot hoog met zeer hete olie en voeg de aardappelen in porties toe en beweeg met een schuimspaan. Bak tot ze goudbruin en knapperig zijn. Verwijder overtollige olie en zout en laat het uitlekken.

TRUC

Beide olietemperaturen zijn belangrijk. Hierdoor zijn ze heerlijk zacht van binnen en krokant van buiten. Voeg op het einde zout toe.

FLORENTIJNSE EIEREN

INGREDIËNTEN

8 eieren

800 g spinazie

150 g gedroogde ham

1 teentje knoflook

Bechamelsaus (zie Bouillon en sauzen)

Zout

ONTWIKKELING

Kook de spinazie 5 minuten in kokend gezouten water. Verfris ze en knijp ze uit om al het water te verliezen. Hak fijn en zet opzij.

Snijd de knoflook en bak 1 minuut op middelhoog vuur. Voeg de in blokjes gesneden ham toe en kook nog 1 minuut. Verhoog het vuur, voeg de spinazie toe en kook nog 5 minuten. Verdeel de spinazie vervolgens in 4 kleipotten.

Giet 2 van de gebroken eieren over de spinazie. Giet de bechamelsaus over de saus en bak 8 minuten op 170 °C.

TRUC

Florence heet producten gemaakt met spinazie.

AARDAPPELSTEW MET GEEL EN GARNALEN

INGREDIËNTEN

4 aardappelen

300 g pure zeeduivel zonder botten

250 g gepelde garnalen

½ l visbouillon

1 glas witte wijn

1 eetlepel chorizo-peperpulp

1 theelepel paprikapoeder

8 strengen saffraan

3 sneetjes geroosterd brood

2 teentjes knoflook

1 ui

Olijfolie

Zout en peper

ONTWIKKELING

Fruit de ui en de fijngehakte knoflook op laag vuur gedurende 10 minuten. Sneetjes brood toevoegen en bruin bakken. Voeg de saffraan, paprika en chorizopaprika toe. Sauteer gedurende 2 minuten.

Bewaar de aardappelen en voeg ze toe aan de saus. Sauteer gedurende 3 minuten. Voeg de wijn toe en laat volledig inkoken.

Wassen met bouillon en laten koken tot de aardappelen bijna gaar zijn. Voeg de in stukjes gesneden zeeduivel en de gepelde garnalen toe. Kruid en kook nog 2 minuten. Laat 5 minuten van het vuur staan.

TRUC

Cachelar-aardappelen betekent in gelijke stukken scheuren zonder ze volledig te snijden. Hierdoor wordt de bouillon dikker.

EIEREN IN FLAMENCO-STIJL

INGREDIËNTEN

8 eieren

200 g tomatensaus

1 klein blikje piquillo-pepers

4 eetlepels gekookte erwten

4 plakjes serranoham

4 dikke plakken chorizo

4 asperges uit blik

ONTWIKKELING

Verdeel de tomatensaus in 4 kleipotten. Doe er elk 2 gebroken eieren in en verdeel de erwten, chorizo en ham in stukjes, evenals de paprika en asperges in reepjes gesneden in verschillende stapels.

Bak op 190°C tot de eieren lichtjes gestold zijn.

TRUC

Het kan gemaakt worden met botifarra en zelfs met verse worst.

TORTILLA PAISANA

INGREDIËNTEN

6 eieren

3 grote aardappelen

25 g gekookte erwten

25 g worst

25 g Serranoham

1 groene paprika

1 rode paprika

1 ui

Olijfolie

Zout en peper

ONTWIKKELING

Snijd de ui en paprika in kleine stukjes. Snij de geschilde aardappelen in zeer dunne plakjes. Bak de aardappelen met uien en paprika op middelhoog vuur.

Bak chorizo en ham in kleine blokjes gesneden. Giet de aardappelen af met uien en paprika. Combineer met chorizo en ham. Voeg de erwten toe.

Klop de eieren los, voeg zout en peper toe en meng met aardappelen en andere ingrediënten. Verhit een middelgrote pan goed, voeg het vorige mengsel toe en kook aan beide kanten.

TRUC

Het is noodzakelijk om het een beetje te coaguleren, omdat het met de resterende warmte klaar is. Op deze manier wordt het sappiger.

GEBRADEN EIEREN MET WORST EN MOSTERD

INGREDIËNTEN

8 eieren

2 Duitse rookworsten

5 eetlepels mosterd

4 eetlepels room

2 ingelegde komkommers

Zout en peper

ONTWIKKELING

Fijngehakte augurken worden gemengd met mosterd en room.

Snijd de worsten fijn in de bodem van 4 kleipotten. Giet de mosterdsaus erover en vervolgens 2 gebroken eieren op elk. Het seizoen.

Bak op 180°C tot het eiwit stevig is.

TRUC

Voeg 2 eetlepels geraspte Parmezaanse kaas en een paar takjes verse tijm toe aan het mosterd-roommengsel.

AARDAPPELOMELET IN SAUS

INGREDIËNTEN

7 grote eieren

800 g aardappelen om te bakken

1 dl witte wijn

¼ liter kippenbouillon

1 eetlepel verse peterselie

1 theelepel paprikapoeder

1 theelepel bloem

3 teentjes knoflook

Virgin olijfolie

Zout

ONTWIKKELING

Snijd de knoflook fijn en bak op middelhoog vuur gedurende 3 minuten zonder te bruinen. Voeg de bloem toe en bak 2 minuten. Voeg paprika toe en bak 5 seconden. Bevochtig met wijn en laat volledig inkoken. Was met bouillon en kook gedurende 10 minuten op laag vuur, af en toe roerend. Bestrooi met zout en bestrooi met peterselie.

Schil de aardappelen. Snijd ze in de lengte in vieren en vervolgens in dunne plakjes. Bak tot ze zacht en licht goudbruin zijn.

Klop de eieren los en voeg zout toe. Giet de aardappelen goed af en voeg ze toe aan de losgeklopte eieren. Pas het zout aan.

Verhit de pan, voeg 3 eetlepels olie toe die gebruikt wordt voor het bakken van aardappelen en voeg het ei-aardappelmengsel toe. Roer gedurende 15 seconden op hoog vuur. Draai het om met een bord. Verhit de pan en voeg nog eens 2 eetlepels olie toe van het bakken van de aardappelen. Voeg de tortilla toe en bak op hoog vuur gedurende 15 seconden. Bestrooi met zout en laat 5 minuten koken.

TRUC

Voor dit soort recepten kun je overgebleven bouillon van stoofschotels of rijstgerechten gebruiken.

PURRUSALDA

INGREDIËNTEN

1 kg aardappelen

200 g gezouten kabeljauw

100 ml witte wijn

3 middelgrote preien

1 grote ui

ONTWIKKELING

Kook de kabeljauw in 1 liter koud water gedurende 5 minuten. Haal de kabeljauw eruit, breek hem in stukken en verwijder de botten. Reserveer het kookwater.

Julienne van de ui en stoof deze in een pan op laag vuur gedurende ongeveer 20 minuten. Snijd de prei in iets dikke plakjes en voeg toe aan de ui. Bak nog eens 10 minuten.

Cachelar (schil, niet snijden) de aardappelen en voeg ze toe aan de stoofpot als de prei gestoofd is. Bak de aardappelen een beetje, zet het vuur hoger en bevochtig ze met witte wijn. Laat het verminderen.

Giet het water van de kabeljauwkook over de stoofpot, voeg zout toe (het moet een beetje zacht zijn) en kook tot de aardappelen zacht zijn. Voeg de kabeljauw toe en bak nog 1 minuut. Bestrooi met zout en laat 5 minuten onder deksel staan.

TRUC

Verander deze stoofpot in room. Het is alleen nodig om te hakken en te zeven. Verrukkelijk.

GEFRITUURDE AARDAPPELEN

INGREDIËNTEN

500 g aardappelen

1 glas witte wijn

1 kleine ui

1 groene paprika

Olijfolie

Zout

ONTWIKKELING

Schil de aardappelen en snijd ze in dunne plakjes. Snijd de ui en paprika in juliennereepjes. Plaats op een bakplaat. Zout en bestrijk goed met olie. Roer goed door en dek af met aluminiumfolie.

Bak gedurende 1 uur op 160°C. Verwijder, verwijder het papier en was met een glas wijn.

Bak onafgedekt nog 15 minuten op 200°C.

TRUC

Je kunt de wijn vervangen door een ½ kopje water, ½ kopje azijn en 2 eetlepels suiker.

CAMETO PADDESTOELEN

INGREDIËNTEN

8 eieren

500 g champignons, schoongemaakt en gesneden

100 g Serranoham, in blokjes gesneden

8 sneetjes geroosterd brood

2 teentjes knoflook

Olijfolie

ONTWIKKELING

De knoflook wordt in plakjes gesneden en samen met de in blokjes gesneden ham lichtbruin gebakken zonder enige kleur te krijgen. Verhoog het vuur, voeg de schoongemaakte en in plakjes gesneden champignons toe en bak gedurende 2 minuten.

Voeg de losgeklopte eieren toe, onder voortdurend roeren, tot ze enigszins stijf en luchtig zijn.

TRUC

Het is niet nodig om zout toe te voegen, omdat de Serranoham daarin voorziet.

Roerei met ansjovis en olijven

INGREDIËNTEN

8 eieren

500 g tomaten

40 g ontpitte zwarte olijven

12 ansjovis

10 kappertjes

3 teentjes knoflook

1 lente-ui

Oregano

Suiker

Olijfolie

Zout

ONTWIKKELING

Snijd de knoflook en uien fijn. Kook op laag vuur gedurende 10 minuten.

Schil de tomaten, verwijder de kern en snijd ze in kleine blokjes. Voeg de knoflook en ui toe aan de saus. Verhoog het vuur en kook tot de tomaat al zijn water verliest. Pas zout en suiker aan.

Verdeel de tomaten in kleipotten. Voeg 2 gebroken eieren toe en giet de rest van de gehakte ingrediënten erover. Bak op 180°C tot het eiwit stevig is.

TRUC

De toevoeging van suiker in recepten waarin tomaat wordt gebruikt, brengt de zuurgraad die het oplevert in evenwicht.

AARDAPPELEN IN ROOM MET BACON EN PARMEZAAN

INGREDIËNTEN

1 kg aardappelen

250 g spek

150 g Parmezaanse kaas

300 ml room

3 uien

Nootmuskaat

Olijfolie

Zout en peper

ONTWIKKELING

Meng in een kom de room met kaas, zout, peper en nootmuskaat.

Aardappelen en uien schillen en in dunne plakjes snijden. Bak in een pan tot ze zacht zijn. Giet af en proef.

Bak het in reepjes gesneden spek bruin en doe het bij de aardappelen in de pan.

Doe de aardappelen in een schaal, bedek ze met het roommengsel en bak ze op 175°C tot ze gegratineerd zijn.

TRUC

Dit recept kan ook worden bereid zonder de aardappelen te malen. Het enige wat je hoeft te doen is 1 uur bakken op 150°C.

Gekookte eieren

INGREDIËNTEN

8 eieren

Zout

ONTWIKKELING

Kook de eieren, te beginnen met kokend water, gedurende 11 minuten. Verfris met water en ijs en schil.

TRUC

Om het pellen gemakkelijk te maken, voegt u veel zout toe aan het kookwater en schilt u het direct na het afkoelen.

KROKUTELEN

INGREDIËNTEN

1 kg kleine aardappelen

500 g grof zout

ONTWIKKELING

Kook de aardappelen in gezouten water tot ze zacht zijn. Ze moeten volledig bedekt zijn met een extra vinger water. Giet de aardappelen af.

Voeg in dezelfde pan (zonder af te wassen) de aardappelen opnieuw toe en zet ze op een laag vuur, goed roerend, tot ze droog zijn. Dit is wanneer er op elke aardappel een klein laagje zout wordt gevormd en de schil gerimpeld wordt.

TRUC

Ze zijn perfect voor gezouten vis. Probeer het eens met een beetje pesto.

GEBAKKEN EIEREN MET PADDESTOELEN, GARNALEN EN BOSGEVOGELTE

INGREDIËNTEN

8 eieren

300 g verse champignons

100 g garnalen

250 ml vleesbouillon

2 eetlepels Pedro Ximenez

1 theelepel bloem

1 bosje wilde asperges

Olijfolie

1 dl azijn

Zout en peper

ONTWIKKELING

Klop de eieren in een grote hoeveelheid kokend gezouten water en azijn goed los. Zet het vuur uit, dek de pan af en wacht 3 of 4 minuten. Het eiwit moet klaar zijn, maar de dooier moet vloeibaar zijn. Verwijder, laat uitlekken en proef.

Maak de asperges schoon en snijd ze in de lengte doormidden. Bak ze in een pan op hoog vuur, zout en bewaar. Bak de gepelde en gekruide garnalen in dezelfde olie op zeer hoog vuur gedurende 30 seconden. Afhaalmaaltijd.

Bak de gesneden champignons in dezelfde pan op hoog vuur gedurende 1 minuut, voeg bloem toe en bak nog een minuut. Hydrateer met Pedro Ximénez tot het ingedikt en droog is. Wassen met zoute bouillon en koken.

Verdeel de asperges, garnalen en champignons en garneer met de eieren. Saus met Pedro Ximénez-saus.

TRUC

Kook de bouillon met 1 takje rozemarijn tot de helft van het volume.

AARDAPPELBORD MET CHORIZO EN GROENE PEPER

INGREDIËNTEN

6 eieren

120 g gehakte chorizo

4 aardappelen

2 Italiaanse groene paprika's

2 teentjes knoflook

1 lente-ui

Olijfolie

Zout en peper

ONTWIKKELING

Schil de aardappelen, was ze en snijd ze in middelgrote blokjes. Spoel goed totdat het water helder is. Julienne-ui en peper.

Bak de aardappelen in ruim hete olie en voeg de paprika en ui toe tot de groenten goudbruin en zacht zijn.

Droog de aardappelen, uien en paprika's. Laat een beetje olie in de pan zitten om de gehakte chorizo bruin te maken. Doe de aardappelen er weer in, samen met de lente-uitjes en paprika. Voeg de losgeklopte eieren toe en mix tot ze licht stevig zijn. Breng op smaak met zout en peper.

TRUC

Je kunt chorizo vervangen door bloedworst, chistorra en zelfs door botifara.

ARME AARDAPPELS

INGREDIËNTEN

1 kg aardappelen

3 teentjes knoflook

1 kleine groene paprika

1 kleine rode paprika

1 kleine ui

Verse peterselie

Olijfolie

4 eetlepels azijn

Zout

ONTWIKKELING

Pers de knoflook met de peterselie, azijn en 4 eetlepels water.

Schil de aardappelen en snijd ze als een omelet. Bak ze in grote hete olie en voeg de ui en de paprika toe, in fijne juliennereepjes gesneden. Blijf bakken tot het licht goudbruin is.

Verwijder en droog de aardappelen, uien en paprika's. Voeg geplette knoflook en azijn toe. Verwijder en zout.

TRUC

Het is geweldig voor alle soorten vlees, vooral voor vette soorten zoals lams- en varkensvlees.

ROZE EIEREN

INGREDIËNTEN

8 eieren

125 g Parmezaanse kaas

30 g boter

30 g bloem

½ liter melk

4 sneetjes geroosterd brood

Nootmuskaat

Azijn

Zout en peper

ONTWIKKELING

Bereid de bechamelsaus door de bloem 5 minuten op laag vuur in de boter te bakken, de melk onder voortdurend roeren toe te voegen en nog eens 5 minuten te laten koken. Breng op smaak met zout, peper en nootmuskaat.

Klop de eieren in een grote hoeveelheid kokend gezouten water en azijn goed los. Zet het vuur uit, dek de pan af en wacht 3 of 4 minuten. Haal eruit en laat uitlekken.

Een gekookt ei wordt op geroosterd brood gelegd en met bechamelsaus gegoten. Bestrooi met geraspte Parmezaanse kaas en bak bruin in de oven.

TRUC

Als het water kookt, draai je het rond met een stokje en voeg je meteen het ei toe. Dit resulteert in een ronde en perfecte vorm.

AARDAPPELEN MET RIBBEN

INGREDIËNTEN

3 grote aardappelen

1 kg gemarineerde varkensribbetjes

4 eetlepels tomatensaus

2 teentjes knoflook

1 laurierblad

1 groene paprika

1 rode paprika

1 ui

Olijfolie

Zout

ONTWIKKELING

Verdeel de ribben en bak ze bruin in een zeer hete pan. Verwijderen en reserveren.

Bak de paprika, knoflook en uien, in middelgrote stukken gesneden, in dezelfde olie. Als de groenten zacht zijn, voeg je de tomatensaus toe en voeg je de ribben weer toe. Meng en bedek met water. Voeg het laurierblad toe en laat sudderen tot het bijna gaar is.

Voeg vervolgens de gebakken aardappelen toe. Bestrooi met zout en blijf koken tot de aardappelen gaar zijn.

TRUC

Aardappelpuree betekent dat je ze met een mes in stukken snijdt zonder ze helemaal door te snijden. Dit zorgt ervoor dat de aardappelen hun zetmeel vrijgeven en dat de bouillon rijker en dikker wordt.

GEBAKKEN EIEREN

INGREDIËNTEN

8 eieren

70 g boter

70 g bloem

Meel, eieren en paneermeel (voor coating)

½ liter melk

Nootmuskaat

Olijfolie

Zout en peper

ONTWIKKELING

Verhit een pan met olijfolie, bak de eieren en laat de dooier rauw of heel weinig gaar. Verwijder, zout en verwijder overtollige olie.

Maak de bechamelsaus door de bloem 5 minuten in gesmolten boter te bakken. Voeg de melk toe, onder voortdurend roeren, en kook gedurende 10 minuten op middelhoog vuur. Breng op smaak met nootmuskaat.

Bestrijk de eieren voorzichtig aan alle kanten met de bechamelsaus. Laat afkoelen in de koelkast.

Haal de eieren door de bloem, het losgeklopte ei en het paneermeel en bak ze in een grote hete olie goudbruin.

TRUC

Hoe verser de eieren, hoe minder ze spetteren tijdens het bakken. Om dit te doen, haalt u ze 15 minuten voor het bakken uit de koelkast.

HAZELNOOT AARDAPPELS

INGREDIËNTEN

750 g aardappelen

25 g boter

1 theelepel gehakte verse peterselie

2 eetlepels olijfolie

Zout en peper

ONTWIKKELING

Schil de aardappelen en maak er balletjes van met een punch. Kook ze in een pan koud water met zout. Als ze voor het eerst koken, wacht dan 30 seconden en laat ze uitlekken.

Smelt boter met olie in een pan. Voeg de gedroogde en uitgelekte aardappelen toe en kook op laag tot middelhoog vuur tot de aardappelen goudbruin en zacht zijn van binnen. Breng op smaak met zout, peper en voeg peterselie toe.

TRUC

Ze kunnen ook in de oven op 175°C worden gebakken, af en toe roerend, tot ze zacht en goudbruin zijn

MOLLE EIEREN

INGREDIËNTEN

8 eieren

Zout

Azijn

ONTWIKKELING

Kook de eieren in kokend water met zout en azijn gedurende 5 minuten. Verwijder en koel onmiddellijk in ijskoud water en pel voorzichtig.

TRUC

Om gekookte eieren gemakkelijk schoon te maken, voegt u veel zout aan het water toe.

AARDAPPELEN RIO JEAN STIJL

INGREDIËNTEN

2 grote aardappelen

1 theelepel chorizo- of ñora-peperpulp

2 teentjes knoflook

1 Asturische chorizo

1 groene paprika

1 laurierblad

1 ui

Peper

4 eetlepels olijfolie

Zout

ONTWIKKELING

Fruit de gehakte knoflook 2 minuten in de olie. Voeg de ui en de paprika toe, in juliennereepjes gesneden en bak 25 minuten op middelhoog vuur (deze moet dezelfde kleur hebben als gekaramelliseerd). Voeg een theelepel chorizopeper toe.

Voeg de gehakte chorizo toe en bak nog 5 minuten. Voeg de cachelada-aardappelen toe en kook nog eens 10 minuten, onder voortdurend roeren. Breng op smaak met zout.

Voeg paprika toe en bedek met water. Kook met het laurierblad op heel laag vuur tot de aardappelen gaar zijn.

TRUC

Van wat overblijft kan crème worden gemaakt. Het is een geweldig tussendoortje.

AARDAPPELEN MET SNOEPJES

INGREDIËNTEN

3 grote aardappelen

1 kg schone inktvis

3 teentjes knoflook

1 blik erwten

1 grote ui

Visbestanden

Verse peterselie

Olijfolie

Zout

ONTWIKKELING

Snij de ui, knoflook en peterselie in kleine stukjes. Bak alles in een pan op middelhoog vuur.

Wanneer de groenten gebakken zijn, zet u het vuur op het maximale niveau en laat u de inktvis, in middelgrote stukken gesneden, gedurende 5 minuten sudderen. Bedek met visbouillon (of koud water) en kook tot de inktvis gaar is. Bestrooi met zout en voeg de geschilde en cachelada-aardappelen en erwten toe.

Zet het vuur lager en kook tot de aardappelen gaar zijn. Bestrooi met zout en serveer warm.

TRUC

Het is erg belangrijk om de inktvis op zeer hoog vuur te smoren, anders worden ze hard en niet erg sappig.

KNOFLOOKGARNALENOMELET

INGREDIËNTEN

8 eieren

350 g gepelde garnalen

4 teentjes knoflook

1 cayennepeper

Olijfolie

Zout

ONTWIKKELING

Snijd de knoflook in plakjes en bak lichtbruin met de cayennepeper. Voeg garnalen, zout toe en haal van het vuur. Giet de garnalen, knoflook en cayennepeper af.

Verhit de koekenpan goed met knoflookolie. Klop de eieren los en breng ze op smaak. Voeg de garnalen en de knoflook toe en bak zachtjes door ze op zichzelf te rollen.

TRUC

Om te voorkomen dat de tortilla aan de pan blijft plakken, verwarm je hem goed voordat je de olie toevoegt.

GESTOKEN AARDAPPELS MET KABELJAUW

INGREDIËNTEN

1 kg aardappelen

500 g gezouten kabeljauw

1 liter voorraad

2 teentjes knoflook

1 groene paprika

1 rode paprika

1 ui

gehakte verse peterselie

Olijfolie

Zout

ONTWIKKELING

Snij de ui, knoflook en peper fijn. Stoof de groenten op laag vuur gedurende 15 minuten.

Voeg de cachelada-aardappelen toe (gescheurd, niet gesneden) en bak nog 5 minuten.

Stoom tot zout en kook tot de aardappelen bijna gaar zijn. Voeg vervolgens de kabeljauw en de peterselie toe en kook 5 minuten. Bestrooi met zout en serveer warm.

TRUC

Voor de fumet kun je 1 glas witte wijn en een paar cayennepeper toevoegen.

AARDAPPELPUREE

INGREDIËNTEN

400 g aardappelen

100 g boter

200 ml melk

1 laurierblad

Nootmuskaat

Zout en peper

ONTWIKKELING

Kook de gewassen en gesneden aardappelen met het laurierblad op middelhoog vuur tot ze zacht zijn. Droog de aardappelen en haal ze door een aardappelstamper.

Kook de melk met boter, nootmuskaat, zout en peper.

Giet melk over de aardappelen en klop met een stok. Corrigeer indien nodig wat er ontbreekt.

TRUC

Voeg 100 g geraspte Parmezaanse kaas toe en klop met een garde. Het resultaat is heerlijk.

BONENTORTILLA MET MORCILLA

INGREDIËNTEN

8 eieren

400 g tuinbonen

150 g bloedworst

1 teentje knoflook

1 ui

Olijfolie

Zout

ONTWIKKELING

Kook de bonen in kokend water met een beetje zout gaar. Zeef en verfris met koud water en ijs.

Snijd de ui en knoflook fijn. Laat het samen met de bloedworst 10 minuten op laag vuur sudderen, zorg ervoor dat het niet breekt. Voeg de bonen toe en kook nog 2 minuten.

Klop eieren en zout. Voeg de bonen en kwark toe aan een zeer hete pan.

TRUC

Voor een nog indrukwekkender gerecht verwijdert u onmiddellijk na het afkoelen de schil van elke boon. Er zal een fijnere textuur zijn.

Roerei

INGREDIËNTEN

8 eieren

100 g knoflookspruiten

8 sneetjes geroosterd brood

8 wilde asperges

2 teentjes knoflook

Olijfolie

Zout en peper

ONTWIKKELING

Snijd de knoflookscheuten en de geschilde asperges fijn. De knoflook wordt in ringen gesneden en samen met de knoflookspruiten en asperges lichtbruin gebakken. Het seizoen.

Voeg de losgeklopte eieren toe, onder voortdurend roeren, tot ze iets dikker zijn. Serveer de roerei op sneetjes geroosterd brood

TRUC

Eieren kunnen ook au bain-marie op middelhoog vuur in een kom worden gekookt, onder voortdurend roeren. Ze zullen een romige textuur hebben.

GESTOKEN AARDAPPELS MET NUSKALI

INGREDIËNTEN

6 grote aardappelen

500 g cantharellen

1 afgestreken theelepel zoete paprika

1 teentje knoflook

1 ui

½ groene paprika

½ rode peper

pikante paprika

Rundvleesbouillon (net genoeg om te bedekken)

ONTWIKKELING

Bak de groenten in kleine stukjes op laag vuur gedurende 30 minuten. Voeg de cachelada-aardappelen toe (gescheurd, niet gesneden) en bak 5 minuten. Voeg de schone cantharellen toe, in vieren en zonder steel.

Bak gedurende 3 minuten en voeg zoete paprika en een snufje hete peper toe. Bedek met de bouillon en breng op smaak met zout (het moet een beetje mild zijn). Laat sudderen en pas het zout aan.

TRUC

Haal er een paar gekookte aardappelen uit met een beetje bouillon, pureer ze en voeg ze weer toe aan de stoofpot om de saus dikker te maken.

BOLETES EN PELLETSOMELET

INGREDIËNTEN

8 eieren

400 g pure boletus

150 g garnalen

3 teentjes knoflook

2 eetlepels olijfolie

Zout en peper

ONTWIKKELING

Snijd de knoflook fijn en bak deze lichtbruin in een pan op middelhoog vuur.

Snij de boletus in blokjes, zet het vuur hoog en doe de knoflook in de pan. Kook gedurende 3 minuten. Voeg de gepelde en gekruide garnalen toe en kook nog 1 minuut.

Klop de eieren los en zout ze. Voeg boletus en garnalen toe. Verhit een pan met 2 eetlepels olie heel goed en bak de tortilla aan beide kanten bruin.

TRUC

Zodra alle ingrediënten zijn gemengd, voeg je een scheutje truffelolie toe. voor een

Roerei

INGREDIËNTEN

8 eieren

125 g Parmezaanse kaas

8 plakjes serranoham

8 sneetjes geroosterd brood

Bechamelsaus (zie Bouillon en sauzen)

Azijn

Zout en peper

ONTWIKKELING

Klop de eieren in een grote hoeveelheid kokend gezouten water en azijn goed los. Zet het vuur uit, dek de pan af en wacht 3 of 4 minuten. Verwijder en ververs met water en ijs. Verwijder met een gleuf en plaats op keukenpapier.

Verdeel de Serranoham over 4 ovenschotels. Er worden eieren bovenop gelegd, met bechamelsaus gegoten en bestrooid met geraspte Parmezaanse kaas. Grill tot de kaas bruin is.

TRUC

Het kan worden gemaakt met gerookt spek en zelfs sobrasada.

COURGETTE EN TOMATENOMELET

INGREDIËNTEN

8 eieren

2 tomaten

1 courgette

1 ui

Olijfolie

Zout

ONTWIKKELING

Snijd de ui in dunne reepjes en bak deze op laag vuur gedurende 10 minuten.

Courgette en tomaten worden in plakjes gesneden en bruin gebakken in een zeer hete pan. Als de courgettes en tomaten goudbruin zijn, snijd ze in dunne reepjes. Voeg ui toe en breng op smaak met zout.

Klop de eieren los en voeg ze toe aan de groenten. Pas het zout aan. Verhit de pan goed en laat de tortilla gedeeltelijk stollen door het hele oppervlak van de pan aan te raken en vervolgens over het oppervlak zelf te rollen.

TRUC

Probeer het eens met in blokjes gesneden aubergine en bechamelsaus ernaast.

REVOLCONAS AARDAPPELEN MET TORREZNOS

INGREDIËNTEN

400 g aardappelen

1 eetlepel paprikapoeder

2 plakjes gemarineerd spek in torreznos

2 teentjes knoflook

gemalen cayennepeper

Olijfolie

Zout

ONTWIKKELING

Schil de aardappelen en kook ze in een pan tot ze heel zacht zijn. Reserveer het kookwater.

Bak ondertussen het in blokjes gesneden spek op laag vuur gedurende 10 minuten of tot het knapperig is. Verwijder torrezno's.

Fruit de knoflook in kleine stukjes gesneden in hetzelfde vet. Bak ook de paprika en voeg deze onmiddellijk toe aan de aardappelpot. Voeg een snufje zout en een snufje gemalen cayennepeper toe.

Pureer met een paar eetstokjes en spoel indien nodig af met een deel van de bouillon van het koken van de aardappelen.

TRUC

Kook aardappelen altijd in koud water om te voorkomen dat ze hard worden of langer nodig hebben om zacht te worden.

PADDESTOEL- EN PARMEZAANSE OMELET

INGREDIËNTEN

8 eieren

300 g gesneden champignons

150 g geraspte Parmezaanse kaas

4 teentjes knoflook

1 cayennepeper

Olijfolie

Zout

ONTWIKKELING

Snijd de knoflook in plakjes en bak lichtbruin met de cayennepeper. Voeg de champignons toe op hoog vuur, zout en bak gedurende 2 minuten. Haal van het vuur. Droog de champignons, knoflook en cayennepeper.

Verhit de koekenpan goed met knoflookolie. Klop de eieren los en voeg ze toe, voeg de champignons, geraspte Parmezaanse kaas en knoflook toe. Krul de tortilla een beetje op door hem om zichzelf heen te rollen.

TRUC

Begeleid door een goede tomatensaus gekruid met komijn.

www.ingramcontent.com/pod-product-compliance
Lightning Source LLC
Chambersburg PA
CBHW071858110526
44591CB00011B/1455